tredition®
www.tredition.de

Jochen Sanguinette

Ein Buch vom Erschaffen einer Kultur der Exzellenz

Erfolg im Umgang mit herausfordernden Situationen (und Menschen)

Verlag und Druck: tredition GmbH, Hamburg

Umschlaggestaltung, Illustrationen: MAIWALD PRESENTATION-EXPERTS.COM

ISBN Hardcover: 978-3-7439-6532-4

Bibliografische Information der Deutschen Nationalbibliothek: Die Deutsche Nationalbibliothek verzeichnet diese Publikation in der Deutschen Nationalbibliografie; detaillierte bibliografische Daten sind im Internet über http://dnb.d-nb.de abrufbar.

Inhalt

Vorwort

Aus „Ich mache Karriere“ wird „Ich lerne zu führen“

Fast jede erfolgreiche Führungskraft, die ich kenne, wusste schon früh, dass sie „nach oben“ wollte. Die meisten von uns hatten klare Ziele: innerhalb von drei Jahren die erste Beförderung, Arbeit mit einem kleinen Team, wenig später der nächste Karriereschritt, ein höheres Gehalt, ein schicker Dienstwagen, vielleicht eine Assistentin ... Bis wir irgendwann eine verantwortungsvolle Position innehaben würden, als Geschäftsführer oder Vorstand mit einem großen Büro und der Verantwortung für viele hundert oder sogar tausend Mitarbeiter.

Wir waren uns darüber bewusst, dass dies harte Arbeit bedeuten würde, hohe Leistungsbereitschaft und unermüdliches Engagement. Doch den wenigsten war klar – und da schließe ich mich mit ein – welche große Rolle für unseren Erfolg das Thema Führung spielen würde.

In unseren Zukunftsprojektionen gehörte das Leiten von Teams natürlich zu unserem Alltag. Doch was das tatsächlich bedeuten würde, vor allem für die Entwicklung unserer eigenen Persönlichkeit, davon machten wir uns eigentlich keinen Begriff. Wir wollten einfach nur Karriere machen.

Heute blicke ich auf über 25 Jahre Führungstätigkeit in anspruchsvollen Positionen in der Industrie zurück. Fast 11 Jahre lang lenkte ich als Geschäftsführer die Geschicke eines Mittelständlers und machte die Erfahrung, dass es nicht ausreicht, klare strategische Vorgaben zu machen – man muss auch die Mannschaft dafür gewinnen und bei den Mitarbeitern einen Funken entzünden können.

In meiner inzwischen über zwanzigjährigen Tätigkeit als Geschäftsführer habe ich viele Führungskräfte kommen und gehen sehen. Manche davon habe ich unter meine Fittiche genommen und sie in ihrem Weg bestärkt. Von anderen musste ich mich trennen, da sie häufig nicht in der Lage waren, ihr Handeln bewusst zu reflektieren und die in unserem Unternehmen etablierte Führungskultur mitzutragen.

Bestimmt habe auch ich Fehler gemacht, doch halte ich mir zugute, dass ich immer bereit bin, mein Handeln zu hinterfragen und gegebenenfalls zu justieren. Ich habe gelernt zu führen – zuerst mich selbst und dann auch andere.

In diesem Buch finden Sie die Quintessenz aus meiner Führungserfahrung.

> Ich habe nämlich festgestellt, dass uns tatsächlich oft innere „Believes", also Glaubenssätze, daran hindern, die richtigen Dinge zu tun. Wandeln wir diese Believes um, wirkt sich das direkt auf unser Handeln aus – und entsprechend verändern sich unsere Ergebnisse.

Ich zeige Ihnen anhand zahlreicher Beispiele, wie hinderlich sich manche Believes auf den eigenen Erfolg und den des Unternehmens auswirken können. Daneben stelle ich dann nützliche Believes, die sich in der Praxis bewährt haben. Es ist mein Handwerkszeug im Umgang mit Menschen – und es soll Sie dabei unterstützen, Ihr bisheriges Verhalten aus einer anderen Perspektive zu betrachten und möglicherweise anzupassen.

Dieses Buch wäre nicht entstanden ohne die zahlreichen Gespräche mit Kolleginnen und Kollegen, mit Mitarbeitern und Managern anderer Unternehmen. Sie alle haben mir geholfen auf meinem Weg, meine Fragen beantwortet und ihre Sicht der Dinge dargelegt.

Sie haben auf diese Weise dazu beigetragen, meine Führungskompetenz zu erweitern und zum Wohle meiner Mitarbeiter und Kollegen anzuwenden – und gleichzeitig meine Karriere voranzutreiben.

Vielen Dank dafür!

Darüber hinaus danke ich meiner Frau Iris, die mich auch bei diesem Buch unterstützt hat und mir half, meine Gedanken zu ordnen und in eine ansprechende Form zu bringen.

Nun wünsche ich Ihnen viel Vergnügen und erhellende Erkenntnisse beim Lesen!

Mögen die Believes Ihnen helfen, in Ihrem Umfeld eine Kultur der Exzellenz zu schaffen. Alles andere ergibt sich dann von alleine.

Stuttgart, Oktober 2018

Jochen Sanguinette

I have to
I want to

Believe 1: I have to, I want to

„Dafür bin ich nicht zuständig“ wird zu „Ich nehme meine Position ein“

Sie kennen das: Wenn Sie dringend mit Ihrer Versicherung etwas klären müssen und nach gefühlten dreieinhalb Stunden Wartezeit in der Hotline endlich mit einem Mitarbeiter sprechen – dann ist das Letzte, was Sie hören wollen: „Dafür bin ich nicht zuständig! Da muss ich erst mal meinen Chef fragen!“ Zeit dafür, solche Sätze aus dem Repertoire zu streichen – erst recht, wenn Sie selbst ein Unternehmen führen und Ihre Kunden dauerhaft halten möchten!

Worum geht es konkret?

In jeder Firma und in jeder Organisation gibt es Entscheidungswege und -kompetenzen, an die sich alle Mitarbeiter halten müssen: Manches dürfen Mitarbeiter eigenverantwortlich entscheiden, für anderes brauchen sie eine Freigabe von ihrer Führungskraft oder von ihrem Team. So funktionieren Unternehmen und Organisationen.

Für die (internen und externen) Kunden und Kooperationspartner der Unternehmen bedeutet dies aber oft Verdruss – wie im eingangs geschilderten Beispiel. Aber auch für die Mitarbeiter selbst fühlt es sich nicht gut an, als diejenigen dazustehen, die keine Entscheidungsbefugnis haben. Niemand sagt gerne: „Tut mir leid, das kann ich nicht entscheiden, da muss ich erst meinen Chef fragen“ – denn dann signalisiert er gleichzeitig: Ich bin hier nur ein unwichtiger Erfüllungsgehilfe – was ich sage, zählt nichts.

Der Punkt ist: An den Hierarchien und an der fehlenden Entscheidungsbefugnis können Sie nicht rütteln. Was Sie dagegen sehr gut ändern und steuern können, ist Ihr eigener Umgang mit Situationen, in denen Sie selbst keine Entscheidungsbefugnis haben und formal tatsächlich nicht zuständig sind. Denn selbst in solchen Situationen können Sie Verantwortung übernehmen.

Ich möchte Ihnen das gerne anhand von vier Beispielen und einer Gegenüberstellung zeigen:

<u>*Beispiel 1:*</u>

Ein Kunde fragt per Mail beim zuständigen Vertriebsmitarbeiter eines Unternehmens an, ob die vereinbarte Einmalzahlung einer größeren Summe noch im selben Monat abgewickelt werden kann. Der Vertriebsmitarbeiter kann diese Entscheidung nicht treffen. Er muss sich dafür die Freigabe von seinem Vorgesetzten holen.

„Dafür bin ich nicht zuständig“	**„Ich nehme meine Position ein“**
Der Vertriebsmitarbeiter leitet die Anfrage an den Abteilungsleiter weiter. Der Abteilungsleiter antwortet: „Alles okay, Zahlung ist freigegeben.“ Der Mitarbeiter leitet diese Mail wiederum an den Kunden weiter. Der Kunde kann anhand dieser Mail nachvollziehen, dass über die Einmalzahlung nicht der Vertriebsmitarbeiter selbst entschieden hat, sondern dessen Chef. Der Kunde erlebt den Mitarbeiter als Untergebenen, der nicht viel zu melden hat. Er überlegt	Der Vertriebsmitarbeiter leitet die Anfrage an den Abteilungsleiter weiter. Der Abteilungsleiter antwortet: „Alles okay, Zahlung ist freigegeben.“ Der Mitarbeiter schreibt daraufhin eine neue Mail an seinen Kunden, in der er ihm bestätigt, dass die Einmalzahlung in dem von ihm gewünschten Zeitraum abgewickelt werden kann. Beim Kunden entsteht der Eindruck, dass der Mitarbeiter selbst diese Entscheidung getrof-

sich, das nächste Mal gleich den Chef anzuschreiben.	fen hat. Er nimmt den Mitarbeiter als glaubwürdigen Ansprechpartner auf Augenhöhe wahr und fühlt sich gut und kompetent betreut.

Beispiel 2:

Eine ältere Dame kommt auf die Bank und fragt den jungen Auszubildenden am Schalter, ob sie einen Kredit bekommen kann.

„Dafür bin ich nicht zuständig“	**„Ich nehme meine Position ein“**
Der Auszubildende sagt: „Da muss ich meine Kreditabteilung um Erlaubnis fragen.“ Er kommuniziert damit indirekt, dass er nichts zu melden hat.	Der Auszubildende sagt: „Ich nehme mich gerne der Sache an, werde jedoch meine Kollegen von der Kreditabteilung um Unterstützung bitten. Ich melde mich bei Ihnen.“ Mit dieser Ansage übernimmt der Auszubildende Verantwortung für das, was er tut.

Beispiel 3:

Ein Mitarbeiter hat die Aufgabe, bei einem Kunden die Preise zu erhöhen. Er trifft sich zu einem persönlichen Gespräch mit dem Kunden.

„Dafür bin ich nicht zuständig“	**„Ich nehme meine Position ein“**
„Wir müssen die Preise erhöhen“, sagt der Mitarbeiter zu seinem Kunden. „Das Management will es so.“ Der Mitarbeiter übernimmt keine Verantwortung, versteckt sich hinter dem Management – er inszeniert sich als unschuldigen Überbringer der schlechten Nachricht.	„Ich möchte die Preise erhöhen“, sagt der Mitarbeiter zu seinem Kunden. „Denn die Rohmaterialkosten haben sich zu unserem Nachteil entwickelt.“ Der Mitarbeiter inszeniert sich so gegenüber dem Kunden als das Maß der Dinge – und übernimmt Verantwortung für das, was das Unternehmen tut.

Beispiel 4:

Ein Kunde möchte ein Foto eines Produkts, das sich noch im Entwicklungsprozess befindet. Eine interne Firmenrichtlinie besagt jedoch, dass dies nicht erlaubt ist.

„Dafür bin ich nicht zuständig“	**„Ich nehme meine Position ein“**
Ein Mitarbeiter schreibt daraufhin dem Kunden: „Ich kann Ihnen	„Das Produkt ist noch nicht fertig entwickelt, das Design kann sich

das Foto nicht schicken, denn das würde gegen eine Firmenrichtlinie verstoßen." Der Mitarbeiter schiebt die Firmenrichtlinie vor, er gibt die Verantwortung für sein Handeln ab.	noch ändern. Daher halte ich es für nicht gut, ein Foto davon herauszugeben. Das hat auch patentrechtliche Gründe". Der Mitarbeiter bezieht eine klare Position und bekennt sich gegenüber dem Kunden ganz klar als derjenige, der das Foto nicht herausgeben möchte – aus guten Gründen.

Fazit: Ich bin der Gestalter meines Lebens

Die Haltung „Dafür bin ich nicht zuständig" signalisiert mir selbst und anderen, dass eine bestimmte Position nicht meine eigene ist und dass ich sie nicht freiwillig eingenommen habe, sondern sie einnehmen muss.

Die Haltung „Ich nehme meine Position ein" ist dagegen eine Haltung, die ich freiwillig eingenommen habe. Ich erkenne, warum das, was ich tue, das Richtige ist. Ich bin verantwortlich. Ich bin derjenige, der etwas bewegen möchte. Es ist „meine" Position. Ich sage „**Ich möchte**" statt „**Ich muss**". Das lässt mich meinen Alltag als selbstbestimmt erleben – ich bin der Gestalter meines Lebens. Das macht mich zufriedener und erfolgreicher.

Gleichzeitig erleben mich Kunden als kompetent, verantwortungsvoll und eigenständig in ihrem Sinne handelnd – eine der wichtigsten Voraussetzungen dafür, dass sie weiterhin Kunden des Unternehmens bleiben.

Rigoros im
Entscheiden,
sanft in der
Durchführung

Believe 2: Rigoros im Entscheiden, sanft in der Durchführung

„Ich bin ein harter Hund“ wird zu „In der Sache klar, in der Ausführung sanft“

Haben Sie schon einmal überlegt, was einen wirklich guten Fußballtrainer ausmacht? Dazu sind sicher eine Reihe wichtiger Eigenschaften nötig, aber unverzichtbar ist vor allem eine: Entscheidungen zu treffen, auch und gerade die unangenehmen. Stelle ich für das nächste Spiel den alten Hasen auf, oder bekommt der wilde junge Stürmer seine Chance? Und wie kommuniziere ich das?

Natürlich hat der Trainer so oder so das letzte Wort. Doch er kann viel dafür tun, in der Mannschaft ein gutes Standing zu haben, wenn er sich darüber bewusst ist, dass es verschiedene Formen des Umgangs mit schwierigen Entscheidungen gibt. Was würden Sie als „alter Stürmer“ von Ihrem Trainer erwarten?

Worum geht es konkret?

Als Führungskraft stehen Sie immer wieder mal vor der unangenehmen Aufgabe, einem Mitarbeiter kündigen zu müssen. Das ist eine Entscheidung, die für den Betreffenden weitreichende Auswirkungen hat, und viele Menschen schieben das dafür notwendige Gespräch solange vor sich her, wie es nur geht. Wir fürchten die Emotionen, die eine Kündigung hervorrufen kann und warten daher bis zum letztmöglichen Zeitpunkt.

Die Schwierigkeit dabei: Die Entscheidung selbst mag sachlich richtig und begründbar sein. Dennoch dürfen wir uns fragen, ob wir als Überbringer der schlechten Botschaft unbedingt die Maske des „harten Hundes“ aufsetzen müssen. Bedenken Sie, wie stark eine Kündigung das Leben der meisten Menschen verändert – und erlauben Sie sich, in der Sache klar zu sein, aber die Ausführung mit einer gewissen Diplomatie anzugehen.

Wie das aussehen kann, demonstriere ich Ihnen im folgenden Beispiel.

Beispiel:

Ein Ingenieur erledigt seine Arbeit durchaus zufriedenstellend, aber es ist kein Engagement über das Übliche hinaus erkennbar. Der Vorgesetzte bedeutet ihm im Jahresgespräch, dass hier noch Luft nach oben sei, doch der Ingenieur ändert nichts an seinem Verhalten. Er macht seine Arbeit gut, aber eben nicht sehr gut.

Ein Jahr später bietet ihm das Unternehmen eine Stelle an, die seinem Leistungsniveau eher entspricht. Doch diese lehnt er ab.

Nach einem weiteren Jahr ohne erkennbare Weiterentwicklung entschließt sich der Vorgesetzte zur Kündigung. Für den Ingenieur kommt das – trotz der bisherigen Gespräche – völlig überraschend.

„Ich bin ein harter Hund“	**„In der Sache klar, in der Ausführung sanft“**
Der Vorgesetzte lässt sich keine Emotion anmerken. Er ist der Meinung, dass er jetzt lange genug Geduld gezeigt hat. Der Mitarbeiter wird mit sofortiger Wirkung freigestellt und muss das Unternehmen verlassen.	Der Vorgesetzte signalisiert Verständnis, bleibt allerdings in der Sache klar: „Wir haben jetzt zwei Jahre lang gemeinsam mit Ihnen versucht, einen Weg zu finden. Das hat leider nicht funktioniert. Deshalb trennen sich unsere Wege heute. Aber wir wollen

Der Mitarbeiter entschließt sich, die Entscheidung anzufechten und zieht vors Arbeitsgericht. Ein langer und nervenaufreibender Prozess schließt sich an, der bei allen Beteiligten „verbrannte Erde" hinterlässt. Darüber hinaus kostet diese Entscheidung das Unternehmen richtig viel Geld. Hinzu kommt: Der Mitarbeiter ist aufgrund seiner langen Betriebszugehörigkeit gut vernetzt im Unternehmen. Sein abrupter Weggang wirkt sich unter Umständen negativ auf das Betriebsklima aus.	Ihnen den Abschied gerne erleichtern und zu einer Lösung kommen, die allen Parteien gerecht wird." Der Vorgesetzte schickt den Mitarbeiter nach Hause, allerdings mit der Perspektive auf ein weiteres Gespräch, um die Konditionen seines Ausstiegs zu erörtern. In diesem zweiten Gespräch einigen sich Vorgesetzter und Mitarbeiter darauf, den Mitarbeiter noch 6 Monate weiter zu beschäftigen, bis er einen neuen Job findet und dann von sich aus kündigt. Für die nötigen Bewerbungsgespräche kann er sich jeweils kurzfristig freinehmen. Nachdem der Ingenieur schließlich eine passende Stelle gefunden hat, würdigen seine Vorgesetzten auf einer kleinen Abschiedsfeier seine Verdienste noch einmal. Alle gehen mit einem guten Gefühl auseinander – keiner hat sein Gesicht verloren.

Fazit: Ich treffe rigorose Entscheidungen, bin aber sanft im Prozess

Als Führungskraft bin ich Tag für Tag gefordert, Entscheidungen zu treffen, und manche davon haben tiefgreifende Auswirkungen auf andere. Wenn ich hier passiv bleibe und nichts unternehme, baut sich viel Druck auf – der sich oft genug in die Zusammenarbeit mit dem betreffenden Menschen entlädt, der dadurch verletzt werden kann.

Viel zielführender ist es hier, wenn der aufgebaute Druck in die Entscheidung fließt. Manchmal sind auch rigorose Entscheidungen notwendig, und sie gilt es, konsequent umzusetzen. Dafür muss ich allerdings auf meine Menschlichkeit bei der Umsetzung nicht verzichten. Ich kann meine Entscheidungen ganz sanft umsetzen, um die Konsequenzen abzufedern.

Wenn der Betroffene weiß, wohin die Reise geht, kann ich ihn mit an Bord nehmen und wir rudern quasi gemeinsam in die richtige Richtung. Das erspart Reibungsverluste, denn energieraubende Streitigkeiten werden vermieden.

Gleichzeitig bleibt das Klima im Unternehmen gut, und auch die anderen Mitarbeiter profitieren davon, zu sehen, dass im Fall einer Trennung ein wertschätzender Umgang gepflegt wird. Nicht zuletzt kann das Unternehmen Geld sparen, da keine gerichtliche Auseinandersetzung nötig ist.

Hierzu ein kleiner Tipp: Entlassungsgespräche sind in der Regel sehr verletzend für die betreffenden Mitarbeiter. Wenn ich als Führungskraft Entlassungsgespräche führen muss, kündige ich das deshalb den Mitarbeitern kurz vorher an, dann haben sie einen Moment Zeit, sich darauf einzustellen. Im Gespräch selbst spreche ich dann nie über die Gründe, die zur Entlassung geführt haben – das tue ich erst ein paar Tage später in einem zweiten Gespräch. Dann haben sich die Emotionen etwas gelegt und der Mitarbeiter ist viel besser in der Lage, sachlich über alles zu sprechen und an einer Lösung mitzuwirken.

Unter dem Strich bleibt: Ich bin klar und sehr konsequent in der Sache, und ich werde gleichzeitig dafür respektiert, dass ich immer nach einem Weg suche, eine gute Lösung für alle Beteiligten zu finden.

Wer nach vorne schaut,
hat den Schatten
hinter sich

Believe 3: Wer nach vorne schaut, hat den Schatten hinter sich

Aus „Ich reite das tote Pferd weiter“ wird „Ich finde ein neues Vehikel“

Hatten Sie auch schon einmal mit einer nahestehenden Person zu tun, die schwer krank war und deren Rekonvaleszenz sich lange hinzog? Manchmal werden diese Menschen dann im Laufe des Heilungsprozesses sehr verzagt und mutlos, weil sie das Gefühl haben, dass es nur unendlich langsam und schleppend vorangeht. Sie vergleichen ständig ihren ursprünglichen Gesundheitszustand mit dem Jetzt-Zustand, und sie verzweifeln schier daran, dass sie scheinbar keine Fortschritte machen. Das heißt, sie blicken ständig zurück, aber nicht nach vorne.

So ein Verhalten mag im persönlichen Umfeld und vor allem im Krankheitsfall noch entschuldbar sein. Doch im beruflichen Kontext ist der ständige Blick zurück nicht wirklich professionell. Denn es fehlt der Blick auf die Zukunft und eine Antwort auf die Frage, wie diese gestaltet werden kann.

Worum geht es konkret?

Den Dakota-Indianern wird folgender Ausspruch zugeschrieben: „Wenn Du entdeckst, dass Du ein totes Pferd reitest, steig ab!“

Übertragen auf unseren Business-Alltag, lässt sich beim Umgang mit dem toten Pferd allerdings oft eine Reihe anderer Strategien feststellen: Die Führung besorgt eine stärkere Peitsche oder wechselt den Reiter oder analysiert intensiv, warum das Pferd tot ist oder ändert die Kriterien, die festlegen, wann ein Pferd tot ist etc. Was immer sie in diese Richtung unternimmt: Sie reitet das Pferd jedoch weiter. Kommt Ihnen das bekannt vor? Vielleicht fragen Sie sich gerade, welches tote Pferd Sie immer noch vorantreiben, obwohl längst klar ist, dass es nicht mehr lebendig werden wird.

Wie Sie mit dieser Situation besser umgehen können, zeigt Ihnen folgendes Beispiel:

Eine Führungskraft verantwortet ein Projekt, in das 1000 Mannstunden investiert werden sollen. Zunächst läuft alles gut, doch nach 900 Stunden zeigt sich, dass das Projekt in der geplanten Form keinen Sinn mehr macht. Wesentliche Punkte können nicht umgesetzt werden, weil sich entscheidende Parameter verändert haben.

„Ich reite das tote Pferd weiter"	**„Ich finde ein neues Vehikel"**
Die Führungskraft denkt sich: „Ich habe bereits 900 Stunden investiert, ich kann doch jetzt nicht aufhören!" Sie nimmt also bereits erbrachte Leistungen als Maßstab für die Fortführung des Projekts. Die Grundlage ihrer Entscheidung ist die Vergangenheit. Das Projekt wird also weitergeführt, das heißt, weitere Kosten entstehen, und es wird Arbeitszeit gebunden, die für andere Projekte nötig sein könnte.	Die Führungskraft begreift, dass die bereits erbrachten 900 Stunden verloren sind. Aber sie versteht auch, dass nichts damit gewonnen ist, noch weitere 100 Stunden in den Sand zu setzen. Daher stoppt sie das Projekt und steckt ihre Energie stattdessen in die Frage, welche Erkenntnisse das abgebrochene Projekt für andere Themen in der Zukunft bringen kann. Und sie überlegt, wie sie die 100 gesparten Mannstunden nun sinnvoller einsetzen kann.

Fazit: „Wer nach vorne schaut, hat den Schatten hinter sich"

Wenn ich mich entscheide, das tote Pferd weiter zu reiten, wälze ich die Verantwortung ab. Diese Haltung lässt mich in der Vergangenheit verharren und stur die bereits erbrachten Leistungen und Erfolge fokussieren.

Die Analyse der Vergangenheit hilft mir zwar, diese zu verstehen, aber sie darf nicht die alleinige Grundlage für meine Entscheidungen bilden. Mein Fokus ist auf die Zukunft ausgerichtet. Damit werde ich zum Gestalter meines Handelns. Ich agiere selbstbestimmt und bleibe offen für neue Gelegenheiten. Ich finde ein neues Vehikel, um voranzukommen.

Meine Vorgesetzten erleben mich ebenso wie meine Kunden und Mitarbeiter als aktive Führungskraft, die Verantwortung übernimmt und klare Entscheidungen trifft, die auf die Zukunft gerichtet sind. Sie wissen, dass sie mir vertrauen können, und damit lege ich die Basis für eine weitere gute Zusammenarbeit – nicht zuletzt deshalb, weil mir die Frage „Warum haben Sie zu dem Zeitpunkt, als Sie erkannt hatten, dass das Projekt nicht erfolgreich sein kann, nichts unternommen?" nie gestellt werden kann. Jeder, der es mit mir zu tun hat, weiß, dass ich die Dinge angehe, anstatt sie auszusitzen.

Löse die Probleme,
solange
sie klein sind

Believe 4: Löse die Probleme, solange sie klein sind

„Ich warte lieber ab“ wird zu „Ich packe den Stier bei den Hörnern“

Es soll ja Politiker geben, die Probleme eher aussitzen, als sie aktiv anzugehen. Wenn Sie ganz ehrlich sind: Haben Sie nicht auch schon bei einem heiklen Thema erst abgewartet – in der Hoffnung, dass es sich einfach von alleine erledigt? Aber: Wie oft hat das tatsächlich geklappt? Probleme haben leider die unangenehme Tendenz, größer zu werden, wenn man sich ihnen nicht stellt. Also lösen Sie Ihre Probleme im Frühstadium, damit es kein unrühmliches Ende nimmt.

Worum geht es konkret?

Konflikte und Probleme entstehen immer, wenn Menschen zusammenarbeiten – sie lassen sich gar nicht vermeiden. Die Frage ist allerdings: Wie geht man damit um.

Probleme unter den Teppich zu kehren, ist auf Dauer eine wenig zielführende Strategie. Denn wer als Führungskraft Probleme ignoriert, ist zum einen ein schlechtes Vorbild für die Mitarbeiter, die so nicht lernen, lösungsorientiert zu denken und zu handeln. Zum anderen sorgt dieses Verhalten für ein Klima der Verunsicherung, weil niemand mehr so richtig einschätzen kann, wie sich das Ganze entwickelt. Es wird getuschelt und spekuliert, Verantwortung wird hin und her geschoben. Darunter leidet bekanntlich die Produktivität erheblich.

Anhand einiger konkreter Beispiele will ich Ihnen aufzeigen, wie Sie kritischen Situationen begegnen können, indem Sie den Stier bei den Hörnern packen.

Beispiel 1:

Ein Manager erfährt, dass einer seiner Führungskräfte ein Verhältnis mit seiner Assistentin hat. Beide sind noch verheiratet (aber nicht miteinander), allerdings leben sie auch beide bereits getrennt vom jeweiligen Partner. Dennoch ergibt sich aus dieser Konstellation eine schwierige Situation: Als Vorgesetzter entscheidet die Führungskraft über Gehalt und Boni der Assistentin – seine Entscheidung kann entweder als „zu positiv" oder „zu konservativ" gewertet werden. Damit sitzt er in der Zwickmühle.

„Ich warte lieber ab"	**„Ich packe den Stier bei den Hörnern"**
Der Manager sitzt das Problem aus und spricht es nicht an, auch um zu vermeiden, dass er in ein Wespennest sticht. Das könnte bei eventuell später auftretenden Beziehungsproblemen zu einer für alle Beteiligten unangenehmen emotionalen Eskalation führen – auch für das übrige Team. Abgesehen davon wird der Manager seiner Aufsichtspflicht so nicht gerecht und muss sich daher irgendwann vielleicht den Vorwurf gefallen lassen, nicht rechtzeitig eingegriffen zu haben.	Der Manager schaut sich aktiv im Unternehmen nach einer anderen angemessen Position für eine der beiden beteiligten Personen um. Damit befreit er seine Führungskraft aus der Zwickmühle und sorgt gleichzeitig dafür, dass spätere Beziehungsprobleme keine negativen Auswirkungen im Team haben.

Beispiel 2:

Ein langjähriger Vertriebsmitarbeiter wirkt seit einiger Zeit nicht mehr so zuverlässig wie sonst, vergisst wichtige Termine und macht deutlich mehr Fehler. Es stellt sich heraus, dass er ein Alkoholproblem hat.

„Ich warte lieber ab"	**„Ich packe den Stier bei den Hörnern"**
Der Vorgesetzte ignoriert das Thema, bis es zu ernsten Problemen mit Kunden kommt. Das wirkt sich auch auf die Stimmung unter den Kollegen aus, denn unzufriedene Kunden lassen ihren Frust eben nicht nur an demjenigen aus, der die Ursache für das Problem ist. Unterm Strich kostet dieses Verhalten des Vorgesetzten das Unternehmen irgendwann richtig Geld.	Der Vorgesetzte spricht den Mitarbeiter direkt auf seine Wahrnehmung an und bietet Unterstützung an. Gemeinsam mit der Personalabteilung erarbeitet er einen konkreten Maßnahmenplan, um den Mitarbeiter bei seinem Weg aus der Krise zu unterstützen. Dieser geordnete Prozess dient nicht nur dem Mitarbeiter, sondern macht auch dem Unternehmen (und dem Vorgesetzten) Ehre.

In manchen Situationen sind Probleme geradezu vorprogrammiert und lassen sich kaum vermeiden. Wird so ein Konfliktpotenzial unterschätzt und ignoriert, kann das ebenfalls fatale Auswirkungen haben.

Beispiel 3:

Ein Generationswechsel im Unternehmen steht an: Der Junior soll in absehbarer Zeit die Geschäfte übernehmen.

Ich warte lieber ab"	**„Ich packe den Stier bei den Hörnern"**
Weder Senior noch Junior adressieren mögliche Probleme während der Übergangsphase und hoffen darauf, dass sich schon alles von alleine regeln wird. In der Regel geht es in solchen Konstellationen um folgende Themen: • Die Dauer der Übergangsphase ist nicht klar definiert. • Der Senior akzeptiert die Entscheidungen des Juniors nicht, weil er ja zu wissen glaubt, „wie der Hase läuft." • Der Junior will nicht sehen, dass Veränderungen Zeit brauchen und möchte am liebsten alles auf einmal umkrempeln.	Senior und Junior suchen sich externe Unterstützung, um den Übergang möglichst reibungslos zu gestalten. Dabei benennen sie die möglichen kritischen Punkte und legen die Verantwortlichkeiten im Unternehmen eindeutig fest. In einem Brainstorming identifizieren sie kritische Punkte und erstellen daraus eine Agenda für regelmäßige Folgetermine, in denen sie die kritischen Punkte jeweils ansprechen. Das senkt die Hemmschwelle, die Sprache darauf zu bringen. Somit bleibt ein kontinuierlicher Kommunikationsfluss gewährleistet. Vater und Sohn stellen dadurch sicher, dass die Übergangsphase geregelt abläuft und in einem

• Beide zweifeln die Führungsqualitäten des jeweils anderen an.	wertschätzenden Rahmen stattfindet. Das Unternehmen wird davon profitieren, weil keine unnötige Energie in zeitraubenden Konflikten verbraucht wird.

<u>*Beispiel 4:*</u>

In einem inhabergeführten Hotel mit 250 Mitarbeitern arbeiten alle Familienmitglieder engagiert mit. Was aber passiert, wenn die Zeiten schlechter werden und eventuell Entlassungen anstehen? Wie bekommt man die verschiedenen Talente, aber auch Bedürfnisse aller Familienmitglieder unter einen Hut?

„Ich warte lieber ab"	**„Ich packe den Stier bei den Hörnern"**
„Das hat noch immer irgendwie geklappt" lautet die Parole, und keiner traut sich, das in Frage zu stellen. Denn niemand will die familiäre Harmonie in Gefahr bringen. Sobald es dann doch zu Konflikten kommt, wird der Streit aus dem Betrieb auch ins Privatleben getragen – der Stresspegel in der Familie steigt zusehends, und die Stimmung im Hotel leidet. Schließlich bekommen auch die Gäste mit, dass es internen Ärger	Mit Hilfe einer externen Beratung werden die Rollen und damit auch die Verantwortlichkeiten aller Familienmitglieder geklärt. Die Beteiligten beziehen auch mögliche Veränderungen durch Familienzuwachs, Todesfälle oder persönliche Entwicklungen in die Überlegungen mit ein. Damit weiß jeder, woran er ist, und durch regelmäßige Besprechungstermine wird sicherge-

gibt, und erste schlechte Bewertungen auf entsprechenden Portalen sind die Folge.	stellt, dass das so bleibt. Die Zufriedenheit der Gäste hat weiterhin höchste Priorität und in der Familie herrscht Klarheit und Friede.

Fazit: Lösen Sie Probleme, bevor sie entstehen!

Die Haltung „Ich warte lieber ab" führt dazu, dass aus kleinen Problemen irgendwann große werden. Diese erfordern dann einen wesentlich höheren Aufwand, um gelöst werden zu können. Damit stehle ich mich aus der Verantwortung und lasse den Dingen ihren – meist unerfreulichen – Lauf.

Wenn ich hingegen den Believe „Löse die Probleme, solange sie klein sind" lebe, gehe ich lösungsorientiert an mögliche Konflikte heran. Ich antizipiere Entwicklungen, die in der Zukunft zu Problemen führen könnten und nehme ihnen von vornherein den Wind aus den Segeln, um das Thema in Ruhe und angemessen lösen zu können. Auch verhindere ich, dass ich später einmal gefragt werde, warum ich nichts unternommen habe – und keine Antwort darauf weiß.

Damit entlaste ich mich selbst von der Bürde, ständig mit großen Problemen konfrontiert zu sein, und gebe zugleich allen Menschen, mit denen ich zu tun habe, die Gewissheit, dass ich mitdenke und an konstruktiven Lösungen interessiert bin. Das vermittelt Sicherheit und Vertrauen – und nichts ist wichtiger, ob privat oder im Business.

Biete einen
Aus-Weg

Believe 5: Biete einen Aus-Weg

Aus „Wird schon schiefgehen“ wird „Wir bauen einen guten Ausweg ein“

Inzwischen wissen Sie, weshalb es in vielen Situationen sinnvoller ist, den Stier bei den Hörnern zu packen, statt nur gelassen abzuwarten, bis sich ein Problem von alleine erledigt. Doch wie oft denken wir uns „Wird schon schiefgehen!“ und drücken insgeheim die Daumen, dass alles klappt? Könnten wir stattdessen schon im Vorfeld für einen Ausweg sorgen, würde uns das unsere Entscheidungen doch sehr erleichtern – so wie eine Ausfahrt auf der Autobahn, wenn weiter vorne ein Stau droht.

Worum geht es konkret?

Ob Sie in einer Führungsposition sind oder auch im Vereinsleben – Sie werden immer wieder allein oder gemeinsam mit anderen Personalentscheidungen treffen müssen. Wer schon einmal die falsche Person befördert hat oder schlicht unsicher war, ob der Wunschkandidat den Anforderungen gewachsen sein würde, weiß, wie sensibel dieses Thema ist. Schließlich müssen Sie nachher den Kopf hinhalten, wenn es schiefgeht.

Falsche Personalentscheidungen sind immer ein hochemotionales Thema für alle Beteiligten, denn es geht dabei auch um einen Gesichtsverlust: für den Betroffenen vor den Kollegen und natürlich auch für Sie als Entscheider. In so einem Fall zurückrudern zu müssen, ist ganz schlecht für die Stimmung im Team, und die Gründe lassen sich in den seltensten Fällen offen kommunizieren.

Deshalb ist es sehr sinnvoll, schon im Vorfeld für Transparenz zu sorgen und Strategien zu entwickeln, die einen geordneten Rückzug möglich machen, ohne dass ein Gesichtsverlust entsteht.

Wie das funktionieren kann, wird in den folgenden Beispielen deutlich.

Beispiel 1:

Ein Abteilungsleiter wird wegen seiner hervorragenden Leistungen befördert und das Unternehmen benötigt einen Nachfolger. Dafür kommt ein „junger Wilder" in Frage, der allerdings noch wenig Führungserfahrung hat. Die Befürchtung wird laut, er könne der zusätzlichen Belastung nicht gewachsen sein.

„Wird schon schiefgehen"	**„Wir bauen einen guten Ausweg ein"**
Der junge Mann wird trotz der Bedenken befördert. Die Chancen liegen bei 50 Prozent, dass er den Job erfolgreich stemmt. Doch wenn er der Belastung tatsächlich nicht gewachsen sein sollte, muss eine neue Lösung gefunden werden. Dann hat man nicht nur einen viel versprechenden Mitarbeiter „verbrannt", der nun enttäuscht oder verbittert ist und wahrscheinlich das Unternehmen verlässt – es wird darüber hinaus viel Unruhe in der Abteilung geben. Das reduziert die Arbeitsleistung.	Der Vorgesetzte sucht das Gespräch mit dem Nachfolgekandidaten, um ihm die Option auf die neue Verantwortung aufzuzeigen. Er äußert jedoch auch offen seine Bedenken. Das führt bei dem jungen Mann zu einem großen Gefühl der Wertschätzung und öffnet die Tür für eine Übergangslösung, die allen Beteiligten gerecht wird: • Ins Team kommuniziert der Vorgesetzte, dass der junge Mann die Abteilungsleitung kommissarisch übernehmen wird, bis ein externer Nachfolger gefunden ist. Dann wird der junge Mann diesen

Hinzu kommt: Auch einem neuen Kandidaten wird das Team nun mit Misstrauen begegnen nach dem Motto „Die haben mit ihrer Entscheidung einmal komplett danebengelegen, warum sollte es diesmal besser werden?“	als Stellvertreter unterstützen. • Gleichzeitig gibt es einen Entwicklungsplan mit klar benannten Zielen und einem Zeitplan, um den jungen Mann bei seinen neuen Aufgaben zu unterstützen. • Nach zwei, vier und sechs Monaten führen Vorgesetzter und Kandidat jeweils Gespräche, um Fortschritte und auch mögliche Probleme zu diskutieren. • Nach Ablauf von sechs Monaten trifft die Führungskraft eine endgültige Entscheidung. Hat der Kandidat die Bewährungsprobe bestanden, über-nimmt er auch offiziell die neue Funktion, was entsprechend ans Team kommuniziert wird. • Fühlt er sich hingegen doch überfordert, kann das Unternehmen nun tatsächlich mit der Suche nach einem externen Nachfolger beginnen und dem jungen Mann wird gedankt, die Abteilung für

	die Übergangs-zeit kommissarisch geleitet zu haben. Auf diese Weise verliert niemand sein Gesicht, und der junge Mitarbeiter hat weitere Entwicklungschancen im Unternehmen.

Beispiel 2:

Der Ortsverein der Freiwilligen Feuerwehr sucht einen Nachfolger für die Jugendarbeit, da der bisherige Amtsinhaber weggezogen ist. Ein aussichtsreicher Nachfolgekandidat ist zwar schnell gefunden, doch dieser hat bisher noch nie eine solche Verantwortung getragen.

„Wird schon schiefgehen"	**„Wir bauen einen guten Ausweg ein"**
Der junge Mann wird ins kalte Wasser geworfen in der Hoffnung, dass er schon irgendwie klar kommt. Auch hier kann das gut gehen – aber eben auch total daneben. In letzterem Fall leidet die so wichtige Jugendarbeit erheblich, und der Kandidat wird zukünftig ein schweres Standing bei den Kollegen haben.	Im Gespräch mit dem Kandidaten einigen sich die Beteiligten darauf, dass er die Position erst einmal für sechs Monate übernimmt und danach abtritt. Das wird auch so an die Truppe kommuniziert. Während dieser Zeit wird ihm ein Mentor an die Seite gestellt – ein erfahrener Kollege, der ihm als neutraler Beobachter Tipps geben kann und jederzeit für ihn ansprechbar ist.

Gleichzeitig fühlt er sich wahrscheinlich im Stich gelassen und reagiert möglicherweise mit Trotz bis hin zum Vereinsaustritt.	Auf diese Weise profitiert der junge Mann von der Erfahrung des älteren Kollegen, der wiederum Freude daran hat, sein Wissen weiterzugeben. Die Wahrscheinlichkeit für den Erfolg des jungen Mannes ist sehr hoch. Nach Ablauf der sechs Monate kommuniziert man dann entweder ans Team, dass der Kollege die Aufgabe so gut gemacht hat, dass man auf ihn in dieser Position nicht mehr verzichten möchte oder er kann die Aufgabe ohne Gesichtsverlust wieder abgeben, sollte ihm das lieber sein. Dann wundert sich niemand darüber, da das ja angekündigt war.

Beispiel 3:

In einem Verein muss die Position des Vorstandsmitglieds für „Öffentlichkeitsarbeit und Kontakte" neu besetzt werden. Ein Vereinsmitglied kommt dafür in Frage.

„Wird schon schiefgehen"	**„Wir bauen einen guten Ausweg ein"**
Dem Mitglied wird die Aufgabe angetragen, und es nimmt sie begeistert an. Folgende Probleme könnten mit der Zeit zutage treten: • Der erhöhte Zeitaufwand für den Verein führt zu Ärger in der Familie des Mitglieds. • Das Mitglied stellt sich oft gegen die anderen Vorstandsmitglieder, betreibt „Lobbyarbeit" im Hintergrund und stiftet auf diese Weise Unfrieden. • Außerdem bespricht das neue Vorstandsmitglied auch vertrauliche Angele-	In einem neuen Anlauf geht der Vorstand anders vor: • Er lädt den Kandidaten als Gast und „nicht stimmberechtigt" zu einigen Vorstandssitzungen ein. So können die anderen Vorstandsmitglieder Vertrauen aufbauen. Gleich-zeitig hat das Mitglied die Möglichkeit herauszufinden, ob es sich in dieser Position wiederfinden kann. • An die anderen Vereins-mitglieder wird im nächsten Schritt kommuniziert, dass das Mitglied die Funktion für die nächsten sechs Monate übernehmen wird und danach wieder ausscheiden

genheiten mit Freunden außerhalb des Vorstands. Schließlich entsteht eine untragbare Situation und das neue Vorstandsmitglied wird aufgefordert, den Vorstand wieder zu verlassen. Die Konsequenz: Das Mitglied verlässt nicht nur den Vorstand, sondern auch den Verein, zusammen mit einigen Freunden.	wird. • Nach Ablauf der Frist zeigt sich, dass die Zusammenarbeit sehr gut funktioniert. Der Vorstand bittet das Mitglied daher, die Funktion auch für die kommenden zwei Jahre weiter auszuüben. Alle Beteiligten fühlen sich mit diesem transparenten Auswahlprozess wohl, da es jederzeit die Möglichkeit gibt, ohne Gesichtsverlust und schlechte Gefühle die Zusammenarbeit zu beenden.

Fazit: Ich sorge für Transparenz und lasse allen einen Ausweg offen

Mit der Haltung „Wird schon schiefgehen" gebe ich die Verantwortung ab und hoffe einfach auf das Beste. Doch damit lasse ich bei wichtigen Personalentscheidungen die Betroffenen im Regen stehen. Das signalisiert keine echte Führungsstärke, und abgesehen davon ist ein Gesichtsverlust im Falle des Scheiterns die Folge – unnötig und vor allem vermeidbar.

„Wir bauen einen guten Ausweg ein" gibt mir hingegen die Möglichkeit, in einen offenen Dialog mit den Betroffenen zu treten und die Konditionen der Zusammenarbeit im Vorfeld auszuloten. Damit wissen alle jederzeit, woran sie sind.

Ich übernehme die Verantwortung für den Prozess und gebe damit sichere Rahmenbedingungen vor, die allen einen Ausweg aus der Situation ermöglichen, sollte die Zusammenarbeit aus irgendwelchen Gründen nicht so wie gewünscht klappen.

Verkaufe nicht
zukünftige Heldentaten,
sondern aktuelle
Ergebnisse

Believe 6: Verkaufe nicht zukünftige Heldentaten, sondern aktuelle Ergebnisse

„Das wird garantiert super!" wird zu „Das habe ich erreicht!"

Wäre es nicht schön, wenn alles immer genau so eintreffen würde, wie man sich das vorgestellt hat? Doch leider kommt es erstens oft anders als man zweitens denkt – Sie kennen das. Wer mehr als einmal großspurig angekündigt hat, was er alles zu erreichen gedenkt und hinterher kleinlaut eingestehen musste, dass es leider, leider nicht ganz nach Plan gelaufen ist, hat seine Glaubwürdigkeit schnell verspielt. Mit dem Etikett „Großmaul" lebt es sich schlecht.

Handeln Sie besser nach der Devise „Don't sell future glory, but actual results" („Verkaufe nicht zukünftige Erfolge, sondern tatsächlich erreichte Ergebnisse"). Denn wer echte Erfolge vorweisen kann, darf gern darüber erzählen.

Worum geht es konkret?

Wo immer es um Projekte mit mehreren Beteiligten geht, gibt es viele Unwägbarkeiten – das liegt in der Natur der Sache. Termine können sich verschieben, das Budget wird gekürzt, das Wetter macht einem einen Strich durch die Rechnung, ...

Das haben Sie selten selbst zu verantworten. Aber wenn Sie sich im Vorfeld weit aus dem Fenster gelehnt und feste Zusagen oder gar Versprechen gemacht haben, dann wird man Sie genau daran messen. Hinweise auf externe Umstände werden dann als Ausreden wahrgenommen, und selbst im besten Fall wird man Sie in Zukunft als ein wenig großmäulig einstufen.

Optimismus in allen Ehren – aber das Fell des Bären zu verteilen, bevor er erlegt ist, zählt im Business nicht zu den besten Strategien.

Wie Sie vermeiden können, dass Ihre Glaubwürdigkeit leidet, zeige ich Ihnen an den folgenden Beispielen:

Beispiel 1:

Ein Vertriebsmitarbeiter bekommt die Aufgabe, einem großen Kunden eine Preiserhöhung zu verkaufen. Dieser Kunde hat sich zuvor nicht an eine Vereinbarung gehalten, wodurch dem Unternehmen Mehrkosten entstanden waren. Um diese Kosten zu decken, muss eine Preiserhöhung von mindestens 3 Prozent erzielt werden.

„Das wird garantiert super!“	**„Das habe ich erreicht!“**
In der Vertriebsbesprechung antwortet der Mitarbeiter auf die Frage, welche Preiserhöhung er durchsetzen möchte: „Na, um 5 Prozent!“ Auf Rückfrage eine Woche nach dem Besuch beim Kunden muss er dann zähneknirschend zugeben, „nur“ 4 Prozent erreicht zu haben. An sich kein schlechtes Ergebnis, aber vor dem Hintergrund der großspurigen Ankündigung wirkt der Erfolg jetzt kleiner.	Der Mitarbeiter legt sich in der Besprechung noch nicht fest: „Mal schauen, was möglich ist. Die Situation ist ja schon etwas kompliziert.“ Eine Woche später kann er dann einen guten Erfolg verkünden: „Wir haben beim Kunden eine Preiserhöhung von 4 Prozent durchgesetzt! Damit sind unsere Mehrkosten wieder drin!“

Beispiel 2:

Ein großes Kundenevent mit allem Drum und Dran ist geplant: Mehrere große Zelte für die Produktpräsentation inklusive Messeausstattung sollen aufgebaut werden, es gibt ein gutes Catering, alle Vertriebsmitarbeiter sind voll involviert, und es wird sogar extra ein Imagefilm produziert.

„Das wird garantiert super!"	**„Das habe ich erreicht!"**
Der Vertriebschef kündigt das Event in seinem monatlichen Reporting an. Besonderen Fokus legt er darauf, dass auf Kundenseite hochrangige Mitarbeiter des Managements erwartet werden und das eigene Unternehmen mit zahlreichen Mitarbeitern vertreten sein wird. Leider wird das Event kurz nach der fulminanten Ankündigung verschoben. Es bleibt ein schaler Geschmack: Außer Spesen nix gewesen.	Der Vertriebschef wartet ab, bis das Event tatsächlich stattgefunden hat. Dann verfasst er einen ausführlichen Bericht, in dem er die Gespräche mit dem Management sowie die dabei erzielten Ergebnisse ins rechte Licht rückt. Damit wird er an einem echten Erfolg gemessen und bleibt glaubwürdig.

Fazit: Ich übernehme Verantwortung für das, was ich sage

Wenn ich mit überschäumendem Optimismus bei jeder Herausforderung schon im Voraus zu wissen glaube, wie es ausgehen wird, und entsprechend vollmundige Ankündigungen mache, bekomme ich sehr schnell ein Glaubwürdigkeitsproblem. Spätestens dann, wenn der angekündigte Erfolg zum wiederholten Mal ausbleibt.

Übernehme ich hingegen Verantwortung für meine Äußerungen, agiere ich professionell. Dass die Dinge immer anders kommen als erwartet, ist das eine. Aber es kommt darauf an, wie ich darüber spreche.

„Die Menschen gleichen sich in den Worten, aber an den Taten kann man sie unterscheiden“: Wenn ich mir diese Weisheit Molières zu eigen mache, erzähle ich, was ich tatsächlich erreicht und nicht das, was ich mir vorgenommen habe.

So bleibe ich ein glaubwürdiger Partner im Unternehmen und auch für die Kunden.

A - Zieht den Wagen
B - Sitzt auf dem Wagen
C - Bremst den Wagen

Believe 7: ABC-Mitarbeiter

„Gut ist mir gut genug“ wird zu „Ich gehe die Extra-Meile“

Es gibt Menschen, die durch ihr Leben dümpeln wie die Ente über ihren Teich: in der Regel gemächlich, ab und zu das Köpfchen ins Wasser, das Schwänzchen in die Höh', irgendeiner wird's schon richten. Gelegentlich gibt es einen kleinen Aufreger, das Federvieh plustert sich auf oder macht sich aus dem Staub – nur um kurz darauf zurückzukehren und weiterzumachen wie bisher.

Bestimmt kennen auch Sie solche Menschen. Meist sind diese sogar recht beliebt, weil sie immer bemüht sind, mit allen gut Freund zu sein. Als guter Kumpel kann so jemand wunderbar sein. Aber wollen Sie solche Menschen als Mitarbeiter?

Worum geht es konkret?

In den meisten Unternehmen und Organisationen gibt es einen gewissen Anteil an Mitarbeitern, die mit Leidenschaft bei der Sache sind, die Themen vorantreiben und ständig darüber nachdenken, wie man die Dinge noch besser machen könnte. Das sind die echten Leistungsträger, die Verantwortung übernehmen wollen und ihre Arbeit wirklich lieben. Ich nenne solche Mitarbeiter „Adler“: Sie haben den Überblick und stoßen aber auch oft in die Tiefe, um so Dingen auf den Grund zu gehen.

Und dann gibt es noch die „Enten“: Sie sehen keinen Grund dafür, sich besonders zu engagieren, denn sie finden sich und ihre Leistung völlig in Ordnung. Man könnte sie eher als Mitläufer charakterisieren. Sie machen ihre Arbeit gut, aber nicht herausragend, und zeigen sich eher selten engagiert. Meist kommen sie jeden Morgen zu einem festen Zeitpunkt und gehen abends dann auch pünktlich, egal, was gerade ansteht – echte „Nine-to-Fiver“ (sie arbeiten exakt von 9 bis 17 Uhr) eben. Dass sie mit etwas höherem Einsatz weit bessere Ergebnisse bringen könnten, liegt außerhalb ihrer Vorstellungswelt. Fehler suchen sie gerne woanders, selten bei sich selbst.

Nun fragen Sie sich einmal, ob es sein muss, dass es Adler und Enten im Unternehmen (oder im Verein oder wo auch immer) gibt. Oder liegt es nicht vielmehr in Ihrer Verantwortung als Führungskraft, dafür zu sorgen, dass mehr Mitarbeiter der ersten Kategorie in Ihrem Unternehmen arbeiten?

Wie das gehen kann, vermittle ich Ihnen an folgenden Beispielen.

Beispiel 1:

Ein Vertriebsmitarbeiter im Außendienst, sehr beliebt und ein „echter Kumpel", macht aber immer wieder dieselben Fehler, obwohl sein Vorgesetzter ihn mehrfach darauf hingewiesen hat. Er erhält zusätzliche Unterstützung in Form von Schulungen zum Thema Selbstmanagement. Zudem wird er am Computer und in der Nutzung seines Smartphones trainiert, damit er unterwegs auch mobil arbeiten kann (was er zuvor nicht getan hat).

„Gut ist mir gut genug"	**„Ich gehe die Extra-Meile"**
Der Vertriebsmitarbeiter macht einfach weiter wie bisher, denn er ist der Überzeugung, alles korrekt zu machen – obwohl es (berechtigte) Beschwerden gibt. Seiner Meinung nach braucht man im Außendienst dieses	Im Jahresgespräch erklärt sein Vorgesetzter dem Vertriebs-mitarbeiter, dass seine Leistung inzwischen weit unterdurchschnittlich ist und er dringend etwas verändern muss. Sein Chef fragt ihn sodann, ob er

„neumodische Zeugs", also Smartphone und Laptop, nicht. Bisher hat es ja auch ohne geklappt. Stattdessen lässt er sich bei seinen Berichten und Reisekostenabrechnungen auch nach mehrmaligen Schulungen trotzdem von Kollegen helfen, deren Arbeitszeit er damit in Anspruch nimmt. Seine Arbeit muss zudem ständig kontrolliert werden, was weitere Manpower bindet. Damit werden wertvolle Mitarbeiter, die gerne etwas leisten wollen, damit beschäftigt, diesen Kollegen ständig in den gleichen Themen weiter zu schulen – auf Dauer eine frustrierende Aufgabe. „Bürokratie entsteht meist dann, wenn Unternehmen versuchen, den kleinen Anteil falscher Leute an Bord zu managen."[1] Der Vorgesetzte entschließt sich zu guter Letzt, dem Mitarbeiter zu kündigen.	seinen Job wirklich liebt. Wenn das so sei, müsse er mehr Engagement zeigen und sich neuen Entwicklungen nicht nur öffnen, sondern sie mit vorantreiben. Der Mitarbeiter entwickelt daraufhin große Motivation, weil ihm klar wird, wie gerne er seinen Job tatsächlich macht. Schon nach kurzer Zeit stellen sich Erfolge ein, die ihn weiter bestätigen. Beim nächsten Jahresgespräch zeigt sich sein Chef sehr zufrieden von seiner Entwicklung, und der Vertriebsmitarbeiter fühlt sich nun weit mehr geschätzt als zuvor. Zudem hat er entdeckt, was seine wahre Leidenschaft ausmacht, was ihm zu einem Gefühl innerer Zufriedenheit verhilft.

[1] Jim Collins, „Der Weg zu den Besten. Die sieben Management-Prinzipien für dauerhaften Erfolg", Campus Verlag 2011, S. 142

Manchmal hilft aber alle Unterstützung und Gesprächsbereitschaft nicht, und ständige Kontrolle kann ja auch nicht die Lösung sein. Wenn also keinerlei Verbesserungsbereitschaft zu erkennen ist, muss man als Vorgesetzter die Reißleine ziehen. Denn der einzige Weg, die Leistungsträger im Unternehmen zu entlasten, ist, sie nicht mit Kollegen zu belasten, die zu wenig leisten.

Gute Mitarbeiter finden ihre Motivation in sich selbst.

Wenn sie auf einer Position sind, an der sie keine Leidenschaft entwickeln können, tut das weder ihnen noch dem Unternehmen gut. Dann ist eine Versetzung oder sogar eine Trennung oft die bessere Lösung, auch wenn das kurzfristig schmerzhaft sein mag.

Beispiel 2:

Ein Unternehmen stellt einen neuen Mitarbeiter ein. Während der Probezeit fragt der Geschäftsführer seine Abteilungsleiter nach Einschätzungen zu dem neuen Kollegen.

„Gut ist mir gut genug“	**„Ich gehe die Extra-Meile“**
Insgesamt sind die Reaktionen eher durchwachsen: „Ist ganz in Ordnung, was er so abliefert“ oder auch „stellenweise echt engagiert“. Der Mitarbeiter liefert also durchaus gute Ergebnisse ab – aber eben keine sehr guten.	Beim nächsten Kandidaten sind die Abteilungsleiter sich einig: „Der Mann muss bleiben!“ Auf Nachfrage kommen Aussagen, die zeigen, dass der neue Mitarbeiter überdurchschnittlich motiviert ist. Er stellt viele Fragen, arbeitet sich konsequent

Der Geschäftsführer entscheidet sich daher dafür, dem Mitarbeiter in der Probezeit zu kündigen und weiter nach einem passenderen neuen Kandidaten zu suchen. Er kommuniziert seine Gründe, sodass der gekündigte Mitarbeiter zumindest die Chance hat, aus der Erfahrung zu lernen.	und engagiert in die neue Arbeitsumgebung ein und hat es zudem in kurzer Zeit geschafft, sich ins Team einzufügen. Daher bietet ihm der Geschäftsführer einen unbefristeten Arbeitsvertrag an, den der Mitarbeiter gerne unterschreibt. Denn auch er hat das Gefühl, am richtigen Platz angekommen zu sein.

Fazit: Jeder Mensch hat eine Leidenschaft

Wenn ich denke, dass gut gut genug ist, dann habe ich keine Motivation, nach dem Besten zu streben. Ich stelle mich nicht ständig in Frage, sondern bin mit dem Status ganz zufrieden. Er ist ja auch gut – daran ist eigentlich nichts auszusetzen. Ohne diese Motivation, das ständige „Sich selbst hinterfragen" ist es jedoch schwer, sich zu steigern.

Verweigere ich mich darüber hinaus dem Wandel („Das haben wir schon immer so gemacht!"), werde ich zu einem Hemmschuh für das Unternehmen und mein Team.

Doch tatsächlich hat jeder Mensch etwas, das ihn antreibt und aufblühen lässt. Wenn ich im Beruf meine Leidenschaft leben kann, dann schaue ich nicht unbedingt auf die Uhr, wenn ich gerade mitten in einem spannenden Projekt stecke. Dann will ich es zu Ende bringen – und habe nicht das Gefühl, dafür auf etwas verzichten zu müssen. Ich gehe freiwillig die Extra-Meile, denn mein Beruf macht mir Freude und schenkt mir Erfüllung.

Es ist meine Aufgabe als

- Führungskraft, die richtige Person für eine bestimmte Stelle zu finden
- Mitarbeiter, diejenige Stelle zu finden, die mich mit Leidenschaft und Zufriedenheit erfüllt

Freund oder Feind?

Believe 8: Freund oder Feind?

„Ich konzentriere mich auf die Rahmenbedingungen" wird zu „Ich nehme alle Beteiligten in die Verantwortung"

Wer schon einmal eine größere Familienfeier organisiert hat, weiß sehr gut, wie schwierig es ist, die verschiedenen Ansprüche alle unter einen Hut zu bekommen: Tante Käthe möchte nicht so weit fahren, Onkel Hans geht grundsätzlich nicht in Kneipen, in denen es sein Lieblingsbier nicht gibt, Schwägerin Hannah ist Veganerin, bei den Neffen geht es ohne große Fleischportionen gar nicht ...

Und als ob das nicht genug wäre, sprechen Oma Gertrud und ihre Schwester Emma schon seit 10 Jahren nicht mehr miteinander und müssen im Raum möglichst weit voneinander weg platziert werden. Sie selbst können Ihre bucklige Verwandtschaft im Großen und Ganzen eh nicht leiden – aber die Verantwortung für ein gelungenes Event liegt turnusmäßig diesmal bei Ihnen.

Den sprichwörtlichen Sack Flöhe zu hüten, wäre einfacher, oder?

Profis wissen, was zu tun ist: Sie beziehen alle mit ein, die sowieso der Meinung sind, ein Wörtchen mitreden zu müssen. Auf diese Art und Weise kann sich hinterher niemand beschweren.

Was im Privatleben funktioniert, gilt erst recht für Unternehmen.

Worum geht es konkret?

Wenn im Unternehmen umfangreiche neue Projekte anstehen, wird dafür meist eine verantwortliche Person benannt. Von ihr wird erwartet, dass sie alle Variablen berücksichtigt, die für die Durchführung notwendig sind: Ob es um die Einhaltung des Budgetrahmens geht, eine Marktanalyse oder die Zusammenarbeit mit verschiedenen Fachabteilungen.

Doch gerade große Projekte scheitern oft, weil der verantwortliche Projektmanager es versäumt, auch alle Beteiligten von Anfang an mit ins Boot zu nehmen – unabhängig davon, wie er zu den jeweiligen Menschen steht. Wir haben es in Unternehmen jedoch immer mit Eitelkeiten und Befindlichkeiten zu tun. Und das bedeutet, Sie dürfen niemanden aus Ihren Überlegungen ausschließen, den Sie nicht leiden können oder der grundsätzlich in der Lage wäre, Ihnen Knüppel zwischen die Beine zu werfen.

Diese Lektion lernen manche leider erst dann, wenn es zu spät ist und das Projekt an die Wand gefahren wurde.

Schauen Sie sich einmal an, wie das im schlimmsten oder auch im besten Fall aussehen kann:

Beispiel:

Der Unternehmensvorstand beschließt die Gründung einer Tochtergesellschaft für ein neues Vertriebskonzept. Für diese neue GmbH soll die Organisation der Muttergesellschaft genutzt werden, also Personalwesen, Buchhaltung, Zoll, Logistik, Finanzen etc. Lediglich der Vertrieb wird ausgelagert. Mit der Durchführung des Projekts beauftragt der Vorstand eine Mitarbeiterin als Projektmanagerin.

„Ich konzentriere mich auf die Rahmenbedingungen"	**„Ich nehme alle Beteiligten in die Verantwortung"**
Die Projektmanagerin stürzt sich in die Arbeit, analysiert den Markt, definiert die Zielkunden und baut mögliche Marketing-	Die Projektmanagerin überlegt zunächst, welche Abteilungen der Muttergesellschaft zum einen direkt von der Gründung der neuen GmbH betroffen sind.

strategien auf – so weit, so gut.

Bei einer eher zufälligen Nachfrage nach einem Jahr durch den Geschäftsführer der Muttergesellschaft stellt sich jedoch heraus, dass die Mitarbeiterin weder die Verantwortliche für den Zoll noch den Lagerleiter der Muttergesellschaft über die künftigen zusätzlichen Aufgaben informiert hatte.

Damit steckt das Projekt in großen Schwierigkeiten:

Die neue Gesellschaft hat damit zum einen keinen Verantwortlichen für den Zoll benannt – und das bedeutet, dass der neue Geschäftsführer mit seinem Privatvermögen für Fehler haften muss.

Und zum anderen sind weder die Volumenströme, die Anzahl der Teilenummern noch zusätzliche Lieferungen etc. in den Workflow des Lagerleiters integriert. Wie soll das funktionieren?

Kurz gesagt: Gar nicht.

Darüber hinaus hat die Mitarbeiterin weitere Interessengruppen

Zum anderen bezieht sie auch weitere Interessengruppen, *die für ein Scheitern des Projekts sorgen könnten*, in ihre Überlegungen mit ein.

Mit den wichtigsten Ansprechpartnern im Unternehmen führt sie dann zunächst Einzelgespräche, um sie über die geplanten Schritte zu informieren und gleichzeitig herauszufinden, welche Fragen und Bedürfnisse diese Kollegen haben.

Damit stellt die Mitarbeiterin sicher, dass sie bei ihren Überlegungen auch mögliche Bedenken aufnehmen und entkräften kann.

Außerdem wissen die betroffenen Kollegen nun auch, was ihre Aufgaben im neuen Projekt sein werden und können entsprechende Maßnahmen in ihrem Aufgabenbereich definieren. Das heißt, alle Beteiligten, vom Lagerleiter bis zum Vorstandsmitglied, werden von der Projektmanagerin in die Verantwortung genommen.

Gleichzeitig respektiert sie mit diesem Vorgehen auch diejenigen Mitarbeiter, *die dem Projekt*

vernachlässigt, wie den Betriebsrat, die Personalabteilung, den Leiter Finanzen oder auch den Geschäftsführer der Muttergesellschaft selbst.

Das Ende vom Lied: Die Projektmanagerin hat zwar gute Analysen erstellt und auf dieser Grundlage sehr gute Ideen für den Vertrieb ausgebrütet. Die Konzepte waren schlüssig und hätten auch so umgesetzt werden können. Aber das Projekt im Ganzen fuhr sie an die Wand – weil sie es versäumt hatte, wichtige Interessengruppen abzuholen, die das Projekt dann torpediert haben.

Es geht eben nicht nur darum, die Aufgabenstellung erfolgreich umzusetzen, sondern auch darum, alle für das Projekt wichtigen UND auch alle möglichen Leute, die dagegen opponieren könnten, abzuholen. Zusätzlich dient ein erfolgreich durchgeführtes Projekt auch als Empfehlung der eigenen Person für weitere bzw. höhere Aufgaben.

schaden könnten, und sorgt so für weitgehende Unterstützung in allen relevanten Unternehmensbereichen. Sie agiert also gewissermaßen „politisch" – eine unendlich wichtige Fähigkeit in Unternehmen, um in leitende Positionen aufsteigen zu können.

In der Folge fließen Informationen zum aktuellen Projektstatus über regelmäßige Rundmails sowie kurze Teamsitzungen, um alle auf einen einheitlichen Stand zu bringen.

Nach einem guten Jahr wird die Gesellschaft gegründet und die Projektmanagerin, die durch ihre Arbeit dafür gesorgt hat, dass der Laden von Beginn an rund läuft, wird zur Geschäftsführerin bestellt.

Fazit: Kenne deine Freunde – und deine Feinde noch etwas besser!

Einerseits ist es menschlich, sich vor allem auf die Rahmenbedingungen und die Faktenlage zu konzentrieren. Und Projekte nur mit den „netten" Kollegen durchzuziehen, scheint verführerisch. Doch das kann schnell dazu führen, dass ich mir manche wichtigen Leute im Unternehmen zum Feind mache – wenn diese sich nämlich nicht miteinbezogen fühlen.

Deshalb ist es strategisch klüger, von Beginn an darauf zu setzen, für mein Projekt alle Beteiligten ins Boot zu holen. Damit sind zum einen diejenigen gemeint, die einen Beitrag zum Gelingen des Projekts leisten können. Aber zum anderen sind auch diese Interessengruppen oder Leute gemeint, die dem Projekt (und damit meiner erfolgreichen Projektarbeit) schaden könnten ... das sind nämlich nicht immer die gleichen Personen. Oft sind es „die Chefs" oder „der Betriebsrat", die zwar keine aktive Rolle in einem Projekt spielen, dies jedoch dennoch torpedieren können.

Mit der Haltung „Ich nehme *alle* Beteiligten in die Verantwortung" definiere ich klar alle Mitwirkenden des Projekts und sorge dafür, dass sie sich ernst genommen fühlen und mein Projekt von Anfang an unterstützen – unabhängig davon, ob ich sie persönlich mag oder nicht.

Damit werde ich von den Verantwortlichen als kompetente Führungsperson wahrgenommen, die Wert auf den Austausch mit anderen legt und deren Bedenken ernst nimmt. Zugleich beweise ich so, dass ich auch auf dem politischen Parkett nicht ausrutsche. Damit stelle ich die Weichen für meine weitere Karriere – denn der Erfolg geht am Ende auch auf meine Rechnung!

Besten Mitarbeiter
auf größte
Chance setzen

Believe 9: Besten Mitarbeiter auf größte Chancen setzen

„Ich setze die Besten auf die schwierigen Projekte" wird zu „Ich nehme die Besten für die besten Chancen"

Was glauben Sie, wie große Unternehmen vorgehen, wenn sie ein neues Projekt planen? Vor einigen Jahren wurde beispielsweise bei Mercedes ein Vier-Zylinder-Reihenmotor entwickelt, der OM 651. Er sollte mehrere ältere Baureihen ersetzen. Die Vorgabe: weniger Gewicht und weniger Verbrauch bei gleichzeitig höherer Leistung. Der Motor sollte zudem weltweit in allen Klassen eingesetzt werden können.

Dieser „Weltmotor" bedeutete eine riesige Chance für ein Unternehmen wie Mercedes. Also setzten die Verantwortlichen auf dieses Projekt nur die talentiertesten Ingenieure und gab ihnen für die Entwicklung völlig freie Hand.

Wie halten Sie es mit der Verantwortung für die chancenreichsten Projekte?

Worum geht es konkret?

Jedes Unternehmen stößt früher oder später auf gewisse Herausforderungen, die es zu bewältigen gilt. Und wen betraut es dann damit, solche Themen zu übernehmen? Das ist die große Frage – die Führungskräfte immer wieder beantworten und dabei jedes Mal neu abwägen und entscheiden müssen, wer für die Aufgabe besonders geeignet ist.

Klar ist: Wenn Sie nacheinander alle aus dem Team bei solchen Problemstellungen mal ranlassen, können Sie Glück haben. Besonders strategisch gedacht ist das allerdings nicht. Die meisten Führungskräfte übergeben solche speziellen Aufgaben also tatsächlich den Leistungsträgern.

Aber macht es wirklich Sinn, die besten Mitarbeiter an die größten Probleme zu binden? Gute Leute wollen erfolgreich sein und etwas gestalten, sie wollen einfach die Zukunft mit formen und sich nicht immer mit Altlasten herumschlagen. Ständig nur Problemlöser zu sein, befriedigt sie auf Dauer nicht.

Warum es zielführender ist, die richtig Guten auf die chancenreichsten Projekte zu setzen, zeigt das folgende Beispiel.

Beispiel:

Ein äußerst engagierter und erfolgreicher Außendienstmitarbeiter ist für zwei Großkunden zuständig. Mit einem davon hat das Unternehmen eine hervorragende Beziehung: Probleme werden konstruktiv gemeinsam angesprochen und gelöst. Der zweite Großkunde hingegen beschwert sich oft über Qualitätsthemen, die letztlich in seiner eigenen Verantwortung liegen und durch falsches Handling verursacht werden. Zudem verlangt er exorbitante finanzielle Zugeständnisse ohne nennenswerte neue Aufträge zu erteilen. Beide Großkunden zusammen verursachen sehr hohen Aufwand, der für einen allein irgendwann nicht mehr zu schaffen ist, und sei er noch so engagiert.

„Ich setze die Besten auf die schwierigen Projekte“	**„Ich nehme die Besten für die besten Chancen“**
Nach dem Motto „Der hat das bisher noch immer geschafft!“ entscheidet sich der Vertriebslei-	Der Vertriebsleiter entscheidet sich, dem schwierigen Großkunden einen jungen, noch unerfahrenen Mitarbeiter zuzuteilen,

ter dafür, dem bisherigen Leistungsträger weiter den schwierigen Kunden zuzuteilen. Auf die Dauer frustriert das den bisherigen Leistungsträger, da er keinen echten Erfolg sehen kann. Er ist ja ständig damit beschäftigt, die angeblichen Probleme des Kunden zu lösen. Neugeschäft lässt sich hier kaum generieren. Eines Tages beschließt er deshalb, ein Jobangebot von der Konkurrenz anzunehmen.	der sich hier bewähren kann. Der erfolgreiche Außendienstmitarbeiter wird dem Kunden zugeordnet, zu dem eine gute Beziehung besteht. Er sieht die Chance, die darin steckt, dass das Kundenunternehmen besonders viel Umsatz in China macht. Daher lässt er sich sogar nach China versetzen und generiert dort noch erfolgreicher als bisher lukrative Aufträge.

Fazit: Nur das Beste für die Besten

Wenn ich meinen Leistungsträgern immer nur die Problemfälle überantworte, laufe ich Gefahr, dass sie mir frustriert davonlaufen. Denn die richtig guten Mitarbeiter wollen etwas bewegen und sich nicht an altbekannten Problemen abarbeiten. Deshalb steckt auch in der Vorgehensweise „Ich setze die Besten auf die schwierigen Projekte“ eine Falle: Sicher kann ein sehr guter Mitarbeiter hier und da die Kastanien aus dem Feuer holen. Aber wenn er das ständig tun muss, wird er irgendwann die Lust verlieren.

Deshalb tue ich gut daran, meinen besten Mitarbeitern auch bzw. vor allem die interessantesten Themen anzubieten, bei denen sie zeigen können, was in ihnen steckt. Wenn ich erkenne, dass ich meine Leistungsträger vor allem an den „Problemfällen“ sitzen habe, ändere ich das ab sofort, damit ich ihr volles Potenzial ausschöpfen kann.

Ich suche mir die besten Leute für die größten Chancen und sorge so dafür, dass wir das Unternehmen gemeinsam nach vorn bringen und auch dort halten.

Menschen
zu führen, ist ein
Handwerk

Believe 10: Menschen zu führen, ist ein Handwerk

„Als Führungskraft muss ich meine Mitarbeiter antreiben" wird zu „Als Führungskraft gebe ich die Richtung vor"

Stellen Sie sich vor, Sie sind Matrose auf einem großen Segelschiff. Ein Sturm zieht auf. Was erwarten Sie jetzt von Ihrem Kapitän?

Sicher nicht, dass er unter Deck verschwindet, um zu meditieren. Oder dass er eine Mannschaftssitzung einberuft, um die Optionen zu diskutieren und über die beste Lösung abzustimmen. Sie würden völlig den Respekt verlieren, wenn Ihr Kapitän kopflos über Deck rennen und widersprüchliche Anweisungen erteilen würde.

Stattdessen wünschen Sie sich, dass Ihr Kapitän Ruhe ausstrahlt und gelassen die nötigen Anweisungen gibt. Sie erwarten, dass er klare Kommandos erteilt, die alle widerspruchslos befolgen, weil sie an ihn und seine Entscheidungen glauben. Und sie schöpfen Mut, wenn Sie ihn selbst am Steuer stehen sehen, denn das signalisiert Ihnen, dass er die Sache im Griff hat.

Was auf einem Segelschiff gilt, stimmt auch für Unternehmen.

Worum geht es konkret?

Gute Führung ist wesentlich für den Erfolg eines Unternehmens. Doch nicht jedem wurde die Fähigkeit zu führen in die Wiege gelegt. Vielerorts ist noch immer zu beobachten, dass Führungskräfte meinen, ihre Mitarbeiter ständig antreiben und „motivieren" zu müssen. Dass Letzteres wenig Aussicht auf Erfolg hat, habe ich bereits im Kapitel 7 gezeigt.

Was bedeutet das also für eine Führungskraft? Wie muss sie sich verhalten, damit die Mitarbeiter gerne ihr Bestes geben? Was kann sie tun, damit ihre Organisation quasi ein „Selbstläufer" wird, die sie nur noch in die richtige Richtung steuern muss?

Der französische Schriftsteller Antoine de Saint-Exupéry hat dieses Führungsverständnis ganz wunderbar auf den Punkt gebracht: „Wenn Du ein Schiff bauen willst, so trommle nicht Menschen zusammen, um Holz zu beschaffen, Werkzeuge vorzubereiten und Aufgaben zu vergeben, sondern lehre die Menschen die Sehnsucht nach dem weiten, endlosen Meer.“[2]

Die folgenden Beispiele demonstrieren Ihnen, wie das in der Praxis aussehen kann.

Beispiel 1:

Im Unternehmen wird ein Projekt aufgesetzt, an dem Mitarbeiter aus verschiedenen Abteilungen beteiligt sind. Eine junge Führungskraft erhält die Verantwortung für dieses Projekt.

„Als Führungskraft muss ich meine Mitarbeiter antreiben“	**„Als Führungskraft gebe ich die Richtung vor“**
Die Führungskraft hat klare Vorstellungen darüber, wie das Projekt durchzuführen ist. Daher schreibt sie den Mitarbeitern genau vor, was sie zu tun haben und führt ein Reporting ein,	Die neue projektverantwortliche Führungskraft ist begeistert von dem Projekt und bespricht gemeinsam mit den Mitarbeitern, was ihre jeweilige Aufgabe ist. Sie schenkt den Mitarbeitern Vertrauen und lässt ihnen vergleichsweise freie Hand, um die

[2] Antoine de Saint-Exupéry, „Die Stadt in der Wüste“, Karl Rauch Verlag, 2009

in dem jeder einzelne Schritt geregelt ist. Doch die Mitarbeiter agieren lustlos, und auch das Reporting funktioniert nicht. Das Projekt stagniert und kommt nicht voran. Die Führungskraft wünscht sich als Lösung die disziplinarische Verantwortung für die Mitglieder des Projekts, um mehr Druck ausüben zu können. Stattdessen entscheidet der Vorgesetzte der Führungskraft, ihr die Verantwortung für das Projekt zu entziehen und jemand anderes dafür einzusetzen.	nötigen Ergebnisse zu erzielen. In regelmäßigen Teammeetings werden die aktuellen Fortschritte besprochen und überlegt, wie die nächsten Schritte aussehen könnten. Die Führungskraft hört ihren Kolleginnen und Kollegen zu, nimmt wertvolle Impulse auf, und trifft dann ihre Entscheidung. In der Regel wird diese von allen akzeptiert, denn alle Mitarbeiter fühlen sich ernst genommen. Das Projekt wird zu einem guten Abschluss gebracht.

Beispiel 2:

Ein Kunde erhebt eine – aus Sicht des Unternehmens – unberechtigte Forderung. Daher soll der Abteilungsleiter das Thema aus der Welt schaffen. Zum Kundentermin nimmt er eine Kundenbetreuerin mit, die erst seit wenigen Wochen im Unternehmen arbeitet und noch keinerlei Erfahrung im Verhandeln hat. Der Termin verläuft ganz im Sinne des Unternehmens: Der Kunde wird nun sogar etwas Geld an das Unternehmen bezahlen. Wie könnte der Abteilungsleiter dieses gute Ergebnis im nächsten Meeting verkaufen?

„Als Führungskraft muss ich meine Mitarbeiter antreiben“	„Als Führungskraft gebe ich die Richtung vor“
Der Abteilungsleiter erklärt: „Wir waren gut vorbereitet und haben gut verhandelt. Wir hatten die Fakten dabei, die unseren Standpunkt belegen konnten. Daher konnte ich dann dieses gute Ergebnis erzielen.“ Was die Mitarbeiterin hört: „Ich habe die ganze Vorarbeit gemacht, und jetzt bezieht er den Erfolg allein auf sich.“ Was das Team denkt: „Wir sind die Zuarbeiter, aber mit dem Erfolg schmückt er sich alleine.“	Der Abteilungsleiter inspiriert sein Team und besonders die neue Kundenberaterin durch folgende Worte: „Wir waren sehr gut vorbereitet, vor allem, weil unsere neue Kollegin sich umfassend informiert hatte. Sie hatte alles dabei, was zum Erfolg nötig war. Vielen Dank, dass Sie solch einen guten Beitrag zum Gelingen eines schwierigen Gesprächs geleistet haben. Ich finde das beachtlich für jemanden, der erst so kurz im Unternehmen ist. Wir haben prima verhandelt und im Tandem gemeinsam ein wirklich gutes Ergebnis erzielt.“ Was die Mitarbeiterin hört: „Ich werde mit meiner Leistung gewürdigt und habe auch teil am Erfolg.“ Was das Team denkt:

	„Wenn ich diesen Mann unterstütze, dann ist das gut für mich, denn ich bekomme Anerkennung.“

Allen Beteiligten ist natürlich klar, dass der Abteilungsleiter die Verantwortung getragen hat. Gleichzeitig können alle im ersten Fall erkennen, dass die Führungskraft den Erfolg auf sich allein bezieht. Im zweiten Fall hingegen ist ersichtlich, dass der Abteilungsleiter den Erfolg unter anderem auf die Mitarbeit der neuen Kundenbetreuerin stützt.

Was denken Sie, wie er vor den Mitarbeitern und auch vor seinem Chef besser dasteht? Was denken Sie, in welchem der beiden Beispiele die Mitarbeiter beim nächsten Mal mehr motiviert sind, den Abteilungsleiter zu unterstützen?

Beispiel 3:

In einem Unternehmen entpuppt sich das vermeintliche Sommerloch als ausgewachsene Krise: Die Auftragseingänge brechen weg, der Umsatz befindet sich im Sinkflug. Der Geschäftsführer hat nun zwei Optionen:

„Als Führungskraft muss ich meine Mitarbeiter antreiben“	**„Als Führungskraft gebe ich die Richtung vor“**
Der Geschäftsführer entscheidet, die schwierige Situation so geheim wie möglich zu halten und gleichzeitig alles daran zu setzen, neue Aufträge heranzuholen. Er befürchtet, dass sonst	Der Geschäftsführer entschließt sich, den Mitarbeitern reinen Wein einzuschenken und nichts zu beschönigen.

zu viele gute Mitarbeiter ihr Heil im Wechsel zum Wettbewerb suchen könnten. Der „Flurfunk" funktioniert allerdings trotzdem, Angst und Verunsicherung machen sich bei den Mitarbeitern breit. Einige Leistungsträger verlassen das scheinbar sinkende Schiff, so dass bestimmte wichtige Aufgaben liegenbleiben. Das trägt nicht unbedingt zur Verbesserung der Lage bei.	Er führt einmal im Monat Betriebsversammlungen durch, informiert dort selbst über die aktuelle Auftragslage und gibt einen Ausblick auf den kommenden Monat. Nötige Entlassungen werden mit den betroffenen Mitarbeitern jeweils *vor* der Betriebsversammlung besprochen. Damit kann auf der Betriebsversammlung bekannt gegeben werden, dass sich alle (anderen) Mitarbeiter für die nächsten drei Monate keine Sorgen machen müssen. Diese Offenheit erzeugt Vertrauen und den Willen, daran mitzuarbeiten, das Ruder wieder herumzureißen.

Gerade in schwierigen Zeiten sind echte Führungskräfte gefordert, klar zu kommunizieren und sich ihrer Verantwortung zu stellen. Das honorieren die Mitarbeiter, indem sie versuchen, durch ihren eigenen Beitrag dem Unternehmen wieder auf die Beine zu helfen.

Wenn die Mitarbeiter allerdings merken, dass sie verschaukelt werden, kann die allgemeine Stimmung schnell umschlagen, und das hat schon mehr als einem Unternehmen endgültig den Hals gebrochen.

Fazit: Ich führe mich und andere mit Klarheit und Engagement

Die Haltung „Als Führungskraft muss ich meine Mitarbeiter antreiben" führt dazu, dass ich meinen Leuten die Möglichkeit nehme, selbst gestalterisch tätig zu werden. Das hat zur Folge, dass meine Mitarbeiter ihre (Eigen-)Motivation verlieren. Gerade die Leistungsträger wollen innerhalb gewisser Rahmenbedingungen selbst entscheiden können, wie sie ihre Arbeit erledigen. Und das tun sie am besten, wenn ihnen das übergeordnete Ziel klar ist und sie motiviert sind, dieses auch zu erreichen. Nicht, weil sie müssen, sondern weil sie es selbst wollen.

Folge ich also der Haltung „Als Führungskraft gebe ich die Richtung vor", wissen meine Mitarbeiter stets, woran sie mit mir sind. Sie können sich auf mein Wort verlassen und fühlen sich ernst genommen, auch und gerade in Krisenzeiten.

Nicht zuletzt kann ich mich selbst jederzeit im Spiegel anschauen, denn ich weiß, dass ich mein Möglichstes gebe, um das Unternehmen und damit auch meine Mitarbeiter erfolgreich zu machen.

Ist es eilig
oder
WICHTIG?

Believe 11: Ist es eilig oder wichtig?

„Ich bin ein Deadline-Junkie" wird zu „Ich nehme mir Zeit für die wirklich wichtigen Dinge"

Vielleicht kennen Sie schon die folgende Geschichte:

Ein Professor steht im Hörsaal vor seinen Studenten. Auf dem Pult ist ein großes, leeres Aquarium zu sehen, daneben große Steine und ein Sack voller Sand. In der Hand hält der Professor eine Dose Bier.

Und das hat er seinen Studenten zu sagen:

„Wenn wir das Aquarium mit Sand füllen, bleibt kein Platz mehr für die großen Steine. Der Sand steht sinnbildlich für die vielen kleinen Dinge, die uns jeden Tag beschäftigen und denen wir gestatten, uns von den wirklich wichtigen Dingen abzulenken.

Die wirklich wichtigen Dinge sind die großen Steine. Wir müssen also zuerst Freiraum dafür schaffen. Denn wenn wir es immer nur eilig haben, füllt sich unser Tag mit unwichtigem Sand, und für die wichtigen großen Steine bleibt kein Platz mehr.

Also füllen Sie Ihr Aquarium zuerst mit den großen Steinen – den Dingen, die wirklich Bedeutung haben für Ihr Leben. Und erst danach füllen Sie den Sand hinein."

Ein vorwitziger Student will daraufhin wissen: „Und wofür ist dann das Bier?"

Darauf der Professor: „Egal, was Sie zuerst ins Aquarium tun – für ein Bier ist immer Platz!"

Worum geht es konkret?

Viele Menschen im Berufsleben lassen sich von den täglichen Aufgaben antreiben: Irgendwie scheinen sie immer gerade einer Deadline hinterher zu hetzen. Manchmal behaupten sie sogar ganz kokett, „Deadline-Junkies" zu sein, also erst dann zur Hochform aufzulaufen, wenn der Endtermin immer näher rückt.

Das Problem bei dieser Form des Selbstmanagements ist, dass wir zunehmend das Gefühl bekommen, nicht mehr selbst über unsere Zeit bestimmen zu können. Jede Minute des Tages ist mit scheinbar dringenden und unaufschiebbaren Dingen gefüllt – und am Abend fragen wir uns, wo die Zeit geblieben ist.

Wenn das Woche für Woche, Monat für Monat so weitergeht, dann bleiben nach und nach immer mehr der wirklich wichtigen Dinge außen vor – oft ohne dass uns das wirklich bewusst wird: Freunde fragen uns gar nicht mehr, ob wir Zeit für ein Treffen haben, weil wir sowieso immer absagen. Der Partner fühlt sich vernachlässigt, und die Kinder haben wir zuletzt am Wochenende zu Gesicht bekommen.

Lassen Sie uns einmal gemeinsam weiterdenken, wozu das führen kann.

Beispiel:

Eine junge Teamleiterin bekommt ein anspruchsvolles Projekt übertragen, das auf einen längeren Zeitraum ausgelegt ist. Sie hat aber eine klare Vorgabe, dass das Projekt nach 10 Monaten erledigt sein muss.

„Ich bin ein Deadline-Junkie“	„Ich nehme mir Zeit für die wirklich wichtigen Dinge“
Die Teamleiterin notiert sich ein paar Ideen und beraumt erste Meetings mit dem Team an. Doch das Tagesgeschäft mit seinen Anforderungen fordert ihre Aufmerksamkeit, und sie verliert das Projekt etwas aus dem Auge. Nach einem halben Jahr fragt der Vorgesetzte nach dem Status und erfährt, dass noch nicht viel passiert ist. Daher macht er ihr nun Druck. Die Teamleiterin sieht die Deadline näher rücken und setzt nun alle Hebel in Bewegung, um das Projekt in den restlichen vier Monaten doch noch umsetzen zu können. Das führt zu zahlreichen Überstunden und sogar Wochenendeinsätzen für sie und andere Mitglieder ihres Teams. Dennoch kann sie die Deadline nicht einhalten und das Projekt muss um weitere vier Wochen verlängert werden. Fest steht, egal wie gut das eigentliche Ergebnis ihrer Arbeit tatsächlich	Die Teamleiterin überschlägt, wie viel Aufwand die Umsetzung des Projekts erfordert und erstellt einen Projektplan. Da sie erkennt, dass sie das Projekt mit der vorhandenen Manpower nicht rechtzeitig umsetzen kann, bittet sie ihren Vorgesetzten um zusätzliche Unterstützung, um die Deadline halten zu können. Diese wird ihr auch gewährt. Sie verplant bewusst maximal 60 Prozent ihrer Zeit, da der Rest ohnehin durch das Tagesgeschäft beansprucht wird. Darüber hinaus sorgt sie dafür, sich in dieser stressigen Zeit auch kleine Auszeiten zu nehmen, um ihre Leistungsfähigkeit zu erhalten. Diese Zeit verbringt sie mit Menschen,, die ihr sehr am Herzen liegen. Das Projekt erledigt sie fristgemäß *und* sie hinterlässt bei den Kollegen und Vorgesetzten den Eindruck, dass sie niemals getrieben war, das Projekt „stets im

ist: So hat sie mit ihrer Arbeitsweise keinen guten Eindruck bei ihrem Vorgesetzten hinterlassen und eventuell auch ihr ursprünglich gutes Verhältnis zu den Teamkollegen aufs Spiel gesetzt.	Griff" hatte.

Fazit: Ich sitze selbst am Ruder – und plane bewusst

Wenn ich mich als Deadline-Junkie begreife, dann überlasse ich anderen oder den Umständen die Kontrolle über mein Leben. Ich erledige immer nur das, was scheinbar gerade eilig ist, aber gleichzeitig verliere ich die wirklich wichtigen Dinge aus den Augen. Ich werde zum Getriebenen.

Diese Haltung kann dazu führen, dass ich keine Orientierung in meinen Leben mehr habe und mich im Tagesgeschäft aufreibe. Wenn dann die Erholungszeiten zu kurz kommen, kann es sogar passieren, dass ich krank werde.

Nehme ich mir jedoch Zeit für die wirklich wichtigen Dinge in meinem Leben – und welche das sind, kann jeder nur für sich selbst entscheiden –, plane ich ganz anders. Ich bin mir bewusst, dass meine Zeit begrenzt ist und steuere sie daher aktiv. Dann bin ich mein eigener Steuermann und übernehme auch die Verantwortung dafür, wohin die Reise geht.

Auf Vorgesetzte und Mitarbeiter wirke ich so souverän – eine wichtige Voraussetzung, um auch in Zukunft mit anspruchsvollen Aufgaben betraut zu werden.

Fokus ist,
zu definieren,
was man
nicht macht

Believe 12: Fokus ist, zu definieren, was man nicht macht

„Ich nehme alles an" wird zu „Ich fokussiere mich auf etwas"

Wenn Fotografen ein Objekt in den Fokus nehmen, dann bedeutet das: Auf dieser Ebene wird scharf gestellt. Alle anderen Dinge, die die Linse erfasst, treten in den Hintergrund und werden unscharf. Das bedeutet also, der Fotograf trifft eine Entscheidung zu seiner Bildkomposition. Damit verzichtet er darauf, alles abzubilden, denn das würde seinem Foto den Fokus nehmen und damit seine besondere Qualität.

Übertragen auf unseren Alltag heißt das: Wer sich für *etwas entscheidet, trifft gleichzeitig immer auch eine Entscheidung* gegen *etwas anderes. Wer auf den Golfplatz geht, verzichtet gleichzeitig auf den Fußballplatz. Die Entscheidung für einen Urlaub ist manchmal wichtiger als der Kauf neuer Möbel.*

Je klarer wir unseren Fokus darauf richten, was wir nicht oder nicht mehr tun wollen, umso bewusster treffen wir Entscheidungen.

Worum geht es konkret?

Auch Unternehmen und Organisationen müssen zuweilen ihren Fokus neu ausrichten. Das bedeutet zum einen zu erkennen, was wirklich wichtig ist. Es heißt aber auch, das eigene Portfolio und den Marktauftritt insgesamt neu zu strukturieren und zu entscheiden, worauf man in Zukunft verzichtet.

Manchmal bedarf es einer handfesten Krise, um zu erkennen, dass historisch gewachsene Unternehmens- und Kundenstrukturen nicht unbedingt ein Garant für eine erfolgreiche Zukunft sind. Im Gegenteil: „Gesundschrumpfen" war und ist für viele Unternehmen ein hilfreicher Ansatz – bezogen auf das eigene Angebot.

Das bedeutet, sich damit auseinanderzusetzen, welche Leistungen der Kunde wirklich braucht und in Zukunft weiter brauchen wird – und wovon man sich im Sinne einer höheren Rentabilität besser trennen sollte.

Eins ist dabei klar: Wenn wir uns für etwas entscheiden, bedeutet das gleichzeitig immer auch eine Entscheidung gegen die Alternative. Was das konkret bedeuten kann, zeigt das folgende Beispiel:

Beispiel:

Ein Unternehmen entschied sich während der Wirtschaftskrise 2008/2009 für eine Fokussierung auf seine Kernleistungen. In Workshops mit allen Mitarbeitern wurde erarbeitet, welche Produkte zukünftig nicht mehr angeboten werden würden. Dies wirkte sich wiederum auf die Kundenstruktur aus: Viele bisherige Kunden wurden damit nicht mehr bedient. Ein Außendienstmitarbeiter bekam jedoch eine Anfrage von einem Kunden, mit dem er eigentlich nicht mehr zusammenarbeiten wollte.

„Ich nehme alles an"	**„Ich fokussiere mich auf etwas"**
Der Geschäftsführer entscheidet sich dafür, dieses Mal noch eine Ausnahme zu machen. Schließlich geht es um einen langjährigen Kunden, auch wenn bisher nur wenige Angebote erfolgreich waren. Der Außendienstmitarbeiter steckt also viel Zeit und Energie	Der Geschäftsführer bleibt konsequent bei der gemeinsam erarbeiteten Strategie der Fokussierung: „Bitte konzentrieren Sie sich auf die Kunden und die Produkte, die uns allen in unseren Workshops am vielversprechendsten schienen. Wenn Sie diesen Kunden doch in unser Kunden-Portfolio

in diesen Kunden, nur um hinterher den Auftrag eventuell doch nicht zu gewinnen. Die Entscheidung für diesen Altkunden bedeutete aber gleichzeitig, den Fokus zu verlieren, der gerade erst erarbeitet worden war.	aufnehmen möchten, entscheiden Sie bitte zugleich, welchen anderen Kunden Sie stattdessen daraus entfernen." Die neue Fokussierung beizubehalten, erfordert Mut. Doch wenn allen Beteiligten klar ist, was sie nicht mehr tun wollen und sollen, und warum das sinnvoll ist – dann wirkt sich das mittelfristig positiv aus.

Jeder Mitarbeiter kann nur eine begrenzte Anzahl an Kunden vernünftig betreuen. Das bedeutet: Nimmt er einen Kunden hinzu, muss im Sinne der Fokussierung ein anderer weichen. Er muss sich also immer bewusst machen, dass die Entscheidung für einen Kunden eben auch bedeutet, sich gegen einen anderen zu entscheiden.

Das oben beschriebene Unternehmen konnte seinen Umsatz fünf Jahre nach der Krise verdoppeln – ein Resultat der konsequent durchgezogenen Fokussierung. Und das bedeutete, dass es auch sehr klar benannt hat, was es nicht mehr tut.

Fazit: Ich behalte meinen Fokus

Ich mache mir klar, dass Fokus vor allem bedeutet zu definieren, was ich *nicht* machen möchte. Wenn ich den Mut zur Lücke habe, dann weiß ich, dass der Verzicht auf bestimmte Strukturen, Verhaltensweisen oder Produkte, die ich aus Gewohnheit oder Bequemlichkeit beibehalten habe, mir langfristig gut tun wird. Denn spätestens in einer Krise trennt sich die Spreu vom Weizen: Jetzt muss sich zeigen, was wahrer Fokus bedeutet.

Ich kann die mir zur Verfügung stehende Zeit eben nur einmal nutzen und muss daher weise entscheiden, mit welchen Aktivitäten ich diese begrenzte Zeit verbringen möchte. Deshalb kenne ich meine persönliche Stopp-Liste der Dinge, auf die ich bewusst verzichte – denn mir ist klar, dass ich nichts richtig mache, wenn ich alles machen will.

TATEN
Achte auf deine Gedanken,
denn sie werden deine Worte.
Achte auf deine Worte,
denn sie werden deine Taten.
M. Ghandi

Believe 13: Gedanken, Worte, Taten

„Ich zeige meine Gefühle“ wird zu „Ich steuere meine Gedanken“

Unser Körper lügt nicht. Kleine Kinder zeigen ihre Reaktion auf andere Menschen meist noch ganz unmittelbar, doch später im Leben versuchen wir, uns nicht anmerken zu lassen, wenn uns jemand unsympathisch ist. Oder wir wollen um jeden Preis verbergen, dass wir nervös sind.

Und was passiert? In der Regel erkennt das Gegenüber unsere Gefühle trotzdem. Wir können nicht alle nonverbalen Signale unseres Körpers bewusst unterdrücken. Für das geschulte Auge gibt es immer verräterische Anzeichen – und selbst Menschen, die noch nie etwas vom Thema Körpersprache gehört haben, nehmen unbewusst wahr, dass da etwas nicht ganz stimmig und kongruent erscheint. Das führt zu einer gewissen Reserviertheit bis hin zum Misstrauen.

Sie glauben, das lässt sich nicht ändern? Und eigentlich ist es doch gut, wenn man immer gleich weiß, woran man mit Ihnen ist? Denken Sie noch einmal darüber nach ...

Worum geht es konkret?

Vielleicht gehören Sie auch zu den Menschen, denen man an der Nasenspitze ansieht, wen sie mögen und wen nicht. So sympathisch und authentisch das sein mag – im Business haben Sie immer wieder mit Menschen zu tun, die Ihnen nicht wirklich liegen. Und trotzdem wollen Sie Geschäfte mit solchen Leuten machen.

Es ist schlicht nicht professionell, seine Gefühle jederzeit zu zeigen. Doch was ist die Lösung? Ein klassisches Pokerface vielleicht? Unterschätzen Sie nicht, wie schwierig das tatsächlich umzusetzen ist. Aus Hollywoods

Pokerfilmen wissen wir, dass sich die allermeisten Spieler eben doch irgendwie verraten: ein Zucken im Mundwinkel, schnelleres Blinzeln – und schon weiß der Gegner: Aha, ein gutes Blatt!

Was also tun? Die Lösung besteht darin, sich schon vor einem Gespräch positiv auf die Person einzustellen. Irgendetwas findet sich immer, das an einem Menschen liebenswert oder sympathisch ist. Wenn Ihnen wirklich nichts einfällt, imaginieren Sie es. Denken Sie sich die entsprechende Person einfach nett. Vielleicht ist der Geschäftspartner ein wunderbarer Vater, der sich viel Zeit für seine Kinder nimmt? Oder die Person setzt sich ehrenamtlich für krebskranke Menschen ein?

An folgendem Beispiel können Sie erkennen, wie es sich auswirkt, wenn Sie Ihre Gedanken – und damit auch Ihre Gefühle – schon im Vorfeld steuern.

<u>Beispiel:</u>

Ein noch unerfahrener Außendienstmitarbeiter bekommt von seinem Vorgesetzten einen neuen Kunden zugeteilt. Schon im Vorfeld hat er erfahren, dass dieser als „schwierig" gilt, stets hohe Ansprüche hat und beim Verhandeln sehr unnachgiebig ist.

„Ich zeige meine Gefühle"	**„Ich steuere meine Gedanken"**
Der Mitarbeiter wird ohne Vorbereitung auf die Situation „losgelassen". Voller böser Vorahnungen fährt der Außendienstmitarbeiter zum	Der Vorgesetzte bespricht die Rolle der Körpersprache und vor allem auch die Macht der eigenen Gedanken mit seinem jungen Mitarbeiter

ersten Gesprächstermin mit dem Kunden. Natürlich kommt es wie erwartet: Der Kunde spürt die eher negative Grundhaltung. Mehr oder weniger unbewusst passt er sein Verhalten daran an. Der Außendienstmitarbeiter ist zwar oberflächlich höflich und freundlich, doch es scheint, als müsste er sich an diesem Kunden die sprichwörtlichen Zähne ausbeißen. Frustriert und entmutigt kehrt er von diesem Termin zurück und sucht das Gespräch mit seinem Vorgesetzten.	Vor dem ersten Termin beschäftigt sich der Außendienstmitarbeiter intensiv damit, positive Aspekte an seinem Gesprächspartner zu finden. Zu seinem eigenen Erstaunen hat er dazu sogar einige Ideen: So schätzt er beispielsweise die klare Kommunikation des Kunden. Auch der Stil, auf Fragen schnell eine klare Antwort zu bekommen, schätzt er. Er konzentriert sich auf diese positiven Punkte und startet das Gespräch mit einem aufrichtigen Kompliment. Der Termin verläuft wesentlich konstruktiver als erwartet, und der Außendienstmitarbeiter kann eventuell einen guten Abschluss tätigen oder es entsteht einfach eine gute Arbeitsatmosphäre oder Beziehung, die es ermöglicht, auch schwierige Situationen künftig gut gemeinsam zu lösen.

Fazit: Aus Gedanken werden Taten

Wenn ich meine Gefühle jederzeit zeige, mache ich mir letztlich selbst das Leben schwer, denn ich lasse andere in meine Karten schauen – und vor allem wecke ich auch in meinem Gegenüber möglicherweise negative Gefühle. Gerade in Beziehungen zu Kunden kann mich das wertvollen Umsatz kosten.

Mit dem Vorsatz „Ich steuere meine Gedanken" steigt hingegen die Wahrscheinlichkeit, dass ich meine Ziele erreiche. Denn indem ich mich selbst in eine positive Stimmung bringe und meinem Gegenüber auf diese Weise Offenheit und ehrliche Sympathie signalisiere, verändert sich ganz automatisch die Gesprächsatmosphäre.

Das heißt nicht, dass ich mich verstellen muss – denn das würde mein Gegenüber merken. Ich bleibe ganz authentisch, doch weil ich meine Gedanken bewusst steuere, erziele ich andere Ergebnisse.

Dies lässt sich auch gut auf andere Bereiche im Leben übertragen, in denen man es mit Menschen zu tun hat, die man eher schwierig findet.

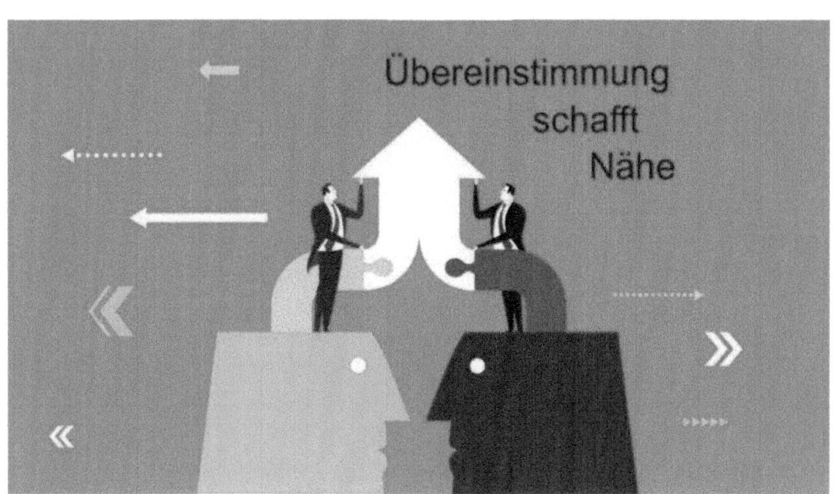
Übereinstimmung
schafft
Nähe

Believe 14: Übereinstimmung schafft Nähe

„Ich habe mein Interesse im Blick" wird zu „Ich schaffe Vertrauen"

Haben Sie schon mal beobachtet, wie Eltern mit ihren Kindern im Supermarkt kommunizieren? „Nein, Paul, du bekommst jetzt keine Schokolade. Schokolade ist nicht gut für die Zähne. Du hast heute Morgen im Kindergarten schon Schokolade bekommen. Jetzt ist genug."

Inhaltlich ist das sicherlich richtig. Aber überzeugt Paul diese sachliche Argumentation? Wahrscheinlich wird Paul eher einen Riesenaufstand veranstalten. Und nur zu oft geben die Eltern dann klein bei. Weil es peinlich ist, wenn das Kind so ein Geschrei veranstaltet. Weil sie ihre Ruhe haben wollen.

Was sie nicht verstehen: So erziehen sie ihr Kind dazu, dass es nur laut genug krakeelen muss, um zu bekommen, was es will. Dabei könnten sie auch psychologisch geschickter vorgehen ...

Und falls Sie sich jetzt fragen, was diese Geschichte mit Führung zu tun hat: eine ganze Menge!

Worum geht es konkret?

Egal in welcher Funktion und in welcher Art von Unternehmen Sie tätig sind: Sie werden immer wieder intern eine Idee „verkaufen" müssen oder ein bestimmtes Anliegen haben, das jemand genehmigen muss.

Sie könnten also so vorgehen, dass Sie Ihrem Ansprechpartner die Faktenlage skizzieren, sowie die Schlüsse, die Sie daraus gezogen haben, und Ihre Argumentation entsprechend aufbauen.

Das kann funktionieren. Nämlich dann, wenn Ihr Vorgesetzter aufgrund der Faktenlage zu einer ähnlichen Einschätzung gelangt wie Sie *und der Vorteil für Sie auch ihm nützt.* Aber was, wenn er die Thematik anders beurteilt? Dann stellen Sie einen Antrag, fragen nach etwas, bitten um Genehmigung und Ihr Chef lehnt das ab. Dann könnte er sich fragen, ob Ihre Entscheidungen, wenn es um andere Themen geht, vielleicht auch dort „in die falsche Richtung“ gehen. Somit beginnt Ihr Chef langfristig möglicherweise, daran zu zweifeln, dass Sie in jedem Fall die richtigen Entscheidungen treffen (nämlich die, die er auch treffen würde).

Wie können Sie vermeiden, dass so eine Vertrauenslücke entsteht?

Fragen müssen Sie ja auf jeden Fall. Also sollten Sie an der Art und Weise arbeiten, *wie* Sie Ihre Fragen formulieren. Denn damit beeinflussen Sie indirekt die Schlussfolgerung, die Ihr Gegenüber aus seiner eigenen Antwort gibt: Über eine gute Formulierung können Sie vermeiden, dass die Antwort „Nein“ lautet und über dieses Nein ein Vertrauensverlust entsteht.

Folgende Beispiele sollen helfen, Ihnen das zu verdeutlichen.

Beispiel 1:

Ein Mitarbeiter, der hauptsächlich im Sitzen arbeitet, möchte einen rückenschonenden Stuhl für seinen Arbeitsplatz. Im Unternehmen gilt die Vorgabe, dass alle Mitarbeiter, die einen solchen Stuhl wollen, sich vom Betriebsarzt ein entsprechendes Attest ausstellen lassen müssen. Der Gang zum Arzt kostet allerdings einen halben Arbeitstag, den der Mitarbeiter nicht einsetzen möchte.

„Ich habe mein Interesse im Blick“	„Ich schaffe Vertrauen“
Der Mitarbeiter erklärt im Gespräch mit seinem Chef, dass er den Stuhl braucht. Dass er aber keine Lust hat, einen halben Tag beim Arzt zu verbringen, sondern lieber arbeiten möchte. Er argumentiert also lediglich aus seiner eigenen Position heraus. Diese Vorgehensweise kann zu folgenden Ergebnissen führen: • Angenommen, der Vorgesetzte ist der Meinung, dass er für diesen Mitarbeiter nicht die Regeln brechen darf. Der Mitarbeiter soll den Stuhl bekommen, aber er muss dafür den halben Arbeitstag opfern. Der Vorgesetzte sagt also „Nein“ zum Ansinnen, den Arzt nicht zu konsultieren. Ergebnis: Aus der Perspektive des Chefs stellt der Mitarbeiter die eigenen Bedürfnisse über die der Firma – obwohl der Mitarbeiter in	Der Mitarbeiter sieht drei Optionen: • Angenommen, er vermutet, dass sein Chef seine Einschätzung teilt. Also fragt er: „Chef, ich brauche einen rückenschonenden Stuhl und möchte dafür nicht zum Betriebsarzt gehen. Damit spare ich einen halben Arbeitstag. Ist das ok für Sie?“ Der Chef stimmt dem Vorschlag des Mitarbeiters zu und freut sich, dass der Mitarbeiter sich so verhält, wie er es auch tun würde. • Angenommen, er vermutet, dass der Chef eher ablehnen wird. Also fragt er: „Chef, ich brauche einen rückenschonenden Stuhl und möchte dafür nicht zum Betriebsarzt gehen. Das ist natürlich einerseits gegen die Regeln, die ich nicht gerne brechen möchte. Und es wirkt viel-

der gewonnenen Zeit arbeiten würde. Zudem weiß der Chef nun, dass der Mitarbeiter eine aus seiner Sicht „falsche“ Entscheidung getroffen hätte, falls er allein hätte entscheiden dürfen. • Angenommen, der Vorgesetzte stimmt dem Antrag zu. Der Vorgesetzte sagt also „Ja“ zum Ansinnen, den Arzt nicht zu konsultieren. Der Mitarbeiter hat „Glück gehabt“	leicht auch blöd auf die Kollegen. Andererseits müsste ich einen halben Tag für das Attest investieren. Aber ich glaube, es sollten sich alle an die Regeln halten. Deshalb würde ich den halben Tag für das Attest investieren. Ist das ok für Sie?“ Der Chef stimmt dem Vorschlag des Mitarbeiters zu und freut sich, dass der Mitarbeiter sich so verhält, wie er es auch tun würde. • Angenommen, er kann schlecht einschätzen, wie sein Chef entscheiden wird. Also fragt er: „Chef, ich brauche einen rückenschonenden Stuhl und möchte dafür nicht zum Betriebsarzt gehen. Auf der einen Seite ist das gegen die Regeln, die ich nicht gerne brechen möchte, auch wegen der Auswirkungen auf die Kollegen. Andererseits müsste ich einen halben Tag für das Attest investieren. Was meinen Sie?“ Der Chef hört den Mitarbeiter und wird sicher feststellen, dass der Mitarbeiter bei Themen, die er nicht selbst entscheiden kann, zu ihm

	kommt und um Rat fragt. In allen drei Fällen gelingt es dem Mitarbeiter, eine größtmögliche Übereinstimmung mit seinem Chef zu erzielen. Das baut Nähe auf und führt dazu, dass der Vorgesetzte den Entscheidungen seines Mitarbeiters auch in Zukunft grundsätzlich vertraut.

Beispiel 2:

Ein Vertriebsmitarbeiter braucht einen neuen Computer. Statt des Standard-Laptops hätte er gern ein besonders leichtes Modell, weil er häufig auf Reisen ist. Sein Chef mag Ausnahmen allerdings nicht besonders.

„Ich habe mein Interesse im Blick"	**„Ich schaffe Vertrauen"**
Der Vertriebsmitarbeiter erklärt die Vorteile des Modells und was es Gutes für ihn bedeuten würde. Er fragt abschließend seinen Chef: „Sind Sie mit der Anschaffung einverstanden?" Ergebnis: Höchstwahrscheinlich lehnt der Vorgesetzte ab, denn aus seiner Perspektive stellt der	Der Vertriebsmitarbeiter erklärt seinem Chef: „Ich bin unschlüssig, ob das eine gute Idee ist, wollte Sie aber um Ihre Meinung bitten. Persönlich finde ich einen leichteren Laptop gut, aber dieser hier wäre außerhalb des Standards. Was meinen Sie?" Der Vorgesetzte sieht, dass dem Mitarbeiter die Regeln bewusst

Mitarbeiter die eigenen Bedürfnisse über die der Firma. Zudem weiß er nun, dass der Mitarbeiter eine aus seiner Sicht „falsche“ Entscheidung getroffen hätte, falls er allein hätte entscheiden dürfen. Kein gutes Omen für andere Entscheidungen, die der Mitarbeiter treffen soll ...	sind und er diese auch respektiert. Dass er dennoch versucht, seinen Willen zu bekommen, ist absolut in Ordnung. Vielleicht genehmigt er die Ausnahme tatsächlich, vielleicht auch nicht. Auf jeden Fall ist es dem Mitarbeiter jedoch gelungen, die gute Beziehung zu seinem Chef weiter zu vertiefen – weil er die gleichen Schlüsse wie der Chef gezogen hat und für eine Übereinstimmung gesorgt hat.

<u>*Beispiel 3:*</u>

In einem Unternehmen sind einem Vorstandsmitglied mehrere Geschäftsführer zugeordnet. Einer der Geschäftsführer wendet sich an ein neues Vorstandsmitglied mit der Frage, ob die Mitarbeiter des Innendienstes ein Mobiltelefon bekommen könnten.

„Ich habe mein Interesse im Blick“	**„Ich schaffe Vertrauen“**
Der Geschäftsführer fragt ohne Rücksprache mit den anderen Geschäftsführern bzw. Bereichen den neuen Vorstand, ob seine Mitarbeiter Mobiltelefone	Der Geschäftsführer hat mit seinen Mitarbeitern und mit den anderen Geschäftsführern besprochen, in welchen Fällen ein Mobiltelefon sinnvoll wäre.

für den Notfall bekommen können. Auf Anfrage des Vorstands beim Geschäftsführer stellt sich heraus, dass die Anschaffung damit begründet wird, dass die Mitarbeiter im Notfall erreichbar sein sollten. Tatsächlich entsteht so ein Notfall aber nur ein- bis zweimal im Jahr. Der Geschäftsführer zieht seine Frage daher im Verlauf des Gesprächs zurück. Beim neuen Vorstand wirkt sich diese Form der Anfrage auf mehreren Ebenen eher negativ aus: • Der Geschäftsführer hat versucht, sich (beziehungsweise seinen Mitarbeitern) gegenüber den anderen Geschäftsführern einen Vorteil zu verschaffen. • Seine Strategie, den neuen Vorstand zu fragen, der sich noch nicht so gut auskennt, ist nicht aufgegangen. • Es bleibt die Frage beim Vorstand, auf welcher Basis der Geschäftsführer grundsätzlich seine Entscheidungen	Auch wenn ein Notfall nur ein- bis zweimal im Jahr vorkommt, ist schnelles Handeln dann unabdingbar. Der Geschäftsführer schlägt daher vor, dass die Mitarbeiter des Innendienstes in allen Gesellschaften Mobiltelefone erhalten sollten, um für den Notfall gewappnet zu sein. Der neue Vorstand kann aus diesem Vorgehen folgende Schlüsse ziehen: • Der Geschäftsführer hat gute Argumente für seine Anfrage. • Gleichzeitig hat er das Wohl des gesamten Unternehmens im Blick, nicht nur das der eigenen Gesellschaft. • Er ist abgestimmt mit den anderen Geschäftsführern: Das ist professionell. • Indem er den neuen Vorstand anspricht, zeigt er diesem sein Vertrauen und legt damit die Basis für eine gute

trifft. • Und es zeigt sich, dass der Geschäftsführer in seinem Handeln nicht konsistent ist: Wenn er auf Probleme stößt, macht er einen Rückzieher.	Zusammenarbeit in der Zukunft.

Fazit: Durch Übereinstimmung entsteht Vertrauen

Folge ich der Einstellung „Ich habe meine Vorteile im Blick" mag das kurzfristig zu Erfolgen führen. Auf lange Sicht jedoch merken mein Umfeld, meine Kollegen und meine Vorgesetzten, dass ich nur mein eigenes Ding durchziehen will – ohne Rücksicht auf Verluste.

Das qualifiziert mich nicht als verantwortungsvolle Führungskraft, die immer auch das Wohl des ganzen Unternehmens im Blick hat.

Wenn es mir hingegen gelingt, im Dialog mit meinen Vorgesetzten und anderen Entscheidungsträgern eine höchstmögliche Übereinstimmung zu erreichen, indem ich Fragen so formuliere, dass die Antwort übereinstimmend ist, so dient das dem Stärken von Vertrauen. Mit dem Vorgehen „Ich schaffe Vertrauen" erzeuge ich langfristig Vertrauen in meine Urteilsfähigkeit – eine Voraussetzung für weitere Karriereschritte.

Ich möchte,
dass Sie etwas lernen,
nicht, dass Sie sich
schlecht fühlen
Fehler

Believe 15: Ich möchte, dass Sie etwas lernen, nicht dass Sie sich schlecht fühlen

„Fehler dürfen nicht passieren“ wird zu „Fehler sind eine Chance zum Lernen“

Schon in der Schule wird uns beigebracht, dass Fehler „schlecht“ sind. Wahrscheinlich ist es uns daher auch später im Leben oft so extrem unangenehm, eigene Versäumnisse einzugestehen und dafür die Verantwortung zu übernehmen. Erst recht, wenn wir damit rechnen müssen, für unsere Fehler auch bestraft zu werden.

Denn in der Logik des Kindes ist es doch total dumm, einen Fehler zuzugeben, wenn es mit unangenehmen Konsequenzen zu rechnen hat. Es wird also höchst kreativ darin, sich entweder tot zu stellen – indem es zum Beispiel schweigt oder so tut, als sei gar nichts passiert – oder Ausflüchte zu suchen und die Verantwortung anderen zuzuschustern.

Liegt hier die Ursache für die so oft erwähnte nicht vorhandene Fehlerkultur in unserem Lande? Vermutlich ist das so, jedenfalls zum Teil. Denn dieses Verhalten ist ja nicht mit dem Ende der Schulzeit vorbei, ganz im Gegenteil: Es setzt sich auch in den Unternehmen fort.

Worum geht es konkret?

Fehler passieren jeden Tag dort, wo Menschen arbeiten. Das wäre nicht weiter tragisch, weil Fehler immer auch eine Chance auf Verbesserung in sich tragen, die sich nutzen lässt. Allerdings hat das noch längst nicht jedes Unternehmen und auch nicht jede Führungskraft verstanden. Noch immer wird Menschen eingehämmert, dass es „null Fehlertoleranz“ gibt, dass Fehler schädlich sind für den Ruf des Unternehmens und daher um jeden Preis zu vermeiden sind.

Wozu führt so eine Ansage, wenn wir mal ehrlich sind? Entweder werden Fehler verschwiegen, oder die Verantwortung wird auf andere geschoben, wenn sie dann doch offensichtlich werden. Oder derjenige, der den Fehler aufgedeckt hat, wird zum Ziel eines Gegenangriffs, sodass er es sich beim nächsten Mal sicher zweimal überlegen wird, ob er das Thema anschneidet.

Wie könnte stattdessen ein souveräner Umgang mit Fehlern aussehen? In den folgenden Beispielen wird deutlich, wie sich das Klima im Unternehmen positiv verändern kann, wenn eine funktionierende Fehlerkultur etabliert wird.

Beispiel 1:

Auf einer Großveranstaltung des Unternehmens soll der Vorstandsvorsitzende eine Rede halten. Die Marketingabteilung organisiert dieses Event. In der Agenda, die sie kurz vor der Veranstaltung an alle Mitarbeiter, Kunden und Gäste verschickt, ist dann allerdings kein Zeitfenster für diese Rede vorgesehen, obwohl der Vorstandsvorsitzende die Marketingabteilung zuvor informiert hatte.

„Fehler dürfen nicht passieren“	**„Fehler sind eine Chance zum Lernen“**
Der Marketingleiter, der versäumt hat, die Rede einzuplanen, behauptet, nichts von der Rede gewusst zu haben. Er sagt sogar, dass er „nichts falsch gemacht hat“.	Der Marketingleiter übernimmt die volle Verantwortung für den Fehler und schlägt vor, die Agenda neu auszulegen und auf den Bildschirmen auf den geänderten Ablauf hinzuweisen.

Der Vorstandsvorsitzende „flippt aus“ und macht ihn vor versammelter Mannschaft zur Schnecke. Resultat: Ganz sicher wird auch in Zukunft niemand bereit sein, einen Fehler zuzugeben. Der Vorstandsvorsitzende hat seinem eigenen Ruf geschadet und wird als wenig souverän wahrgenommen. Die Wahrscheinlichkeit, dass ähnliche Fehler wieder passieren, sinkt durch dieses Verhalten nicht.	In den Augen des Vorstandsvorsitzenden gewinnt er dadurch an Profil, weil er nicht problemorientiert sondern lösungsorientiert gehandelt hat. Der Marketingleiter sichert sich damit den Respekt seines Vorgesetzten, der für die Zukunft weiß, dass dieser Mann in der Lage ist, Verantwortung zu übernehmen. Der Vorstandsvorsitzende würdigt dieses Verhalten, indem er sich bedankt und damit dem Team zeigt, dass es in Ordnung ist, Fehler zuzugeben, sofern alle etwas daraus lernen.

Beispiel 2:

Die Projektleiterin merkt, dass sie das Budget für das aktuelle Projekt überziehen wird.

„Fehler dürfen nicht passieren“	**„Fehler sind eine Chance zum Lernen“**
Die Projektleiterin versucht, diese Tatsache so lange wie möglich zu vertuschen. Sie hofft, dass sie jemanden in einer anderen	Die Projektleiterin sucht so schnell wie möglich das Gespräch mit ihrem Vorgesetzten,

Abteilung mit dem Fehler belasten kann. Daher verbringt sie auch unnötige Zeit damit, ihre eigenen Spuren zu verwischen, statt klar Schiff zu machen. Im Ergebnis macht sie sich einen Feind in der anderen Abteilung, sodass hier für die Zukunft Probleme programmiert sind. Das Budget wird trotzdem überzogen. Und ihr Vorgesetzter ist mindestens misstrauisch gegenüber ihrer Leistung und wird wahrscheinlich zögern, ihr mehr Verantwortung zu überlassen.	um das weitere Vorgehen zu besprechen. Sie übernimmt die Verantwortung für die fehlerhafte Kalkulation und macht gleichzeitig einen sinnvollen Vorschlag, wie beim nächsten Projekt gegebenenfalls Geld eingespart werden kann. Ihr Vorgesetzter merkt, dass die Projektleiterin souverän mit ihrem Fehler umgeht und daraus für die Zukunft gelernt hat. Er macht ihr daher keine Vorwürfe, sondern erzählt ihr von einer ähnlichen Situation, die er selbst einmal verbockt hat – und wie er damit umgegangen ist. Damit stellt er sich auf die Seite der Mitarbeiterin, die damit weiß, dass sie keine Angst haben muss, ihm gegenüber Fehler zuzugeben – solange sie daraus lernt.

Fazit: Irren ist menschlich und Fehler sind unvermeidlich

Wenn ich glaube, dass Fehler nicht passieren dürfen, bleiben mir im Fall des Falles drei Optionen: Entweder ich laufe davon, lehne also die Verantwortung ab. Oder ich stelle mich tot (durch zum Beispiel Schweigen) und versuche, meinen Fehler zu vertuschen. Oder ich gehe zum Gegenangriff über nach dem Motto „Aber Sie haben doch auch schon mal gesagt, dass ...!"

All diese Szenarien schaden meinem Ruf, und vor allem führen sie dazu, dass sich Fehler eher wiederholen, denn ich nehme mir damit selbst die Chance, aus meinen Irrtümern zu lernen.

Glaube ich hingegen, dass in jedem Fehler eine Möglichkeit zum Lernen liegt, verhalte ich mich ganz anders: Ich übernehme die Verantwortung, weil ich mir Gedanken dazu mache, wie ich diesen Fehler in Zukunft vermeiden kann. Damit wirke ich souverän auf Kollegen und Vorgesetzte und erarbeite mir Vertrauen – eine sehr gute Investition in meine Karriere.

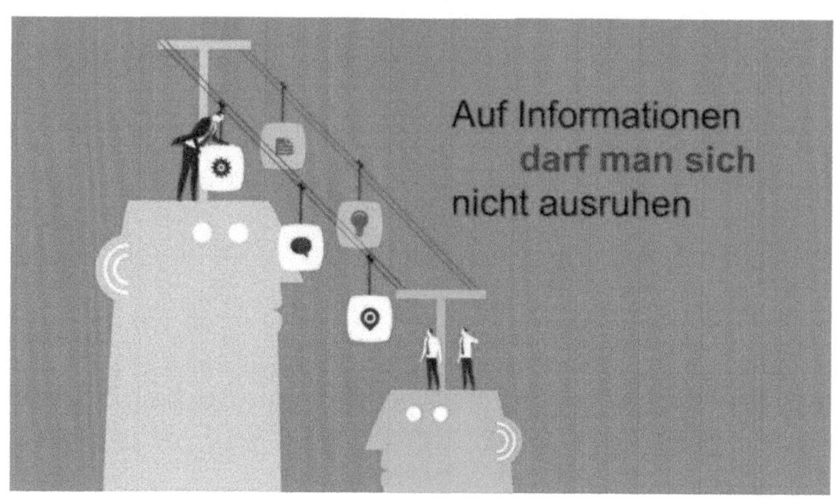
Auf Informationen
darf man sich
nicht ausruhen

Believe 16: Auf Informationen darf man sich nicht ausruhen

„Wissen ist Macht“ wird zu „Den Informationsvorsprung souverän nutzen“

Im Jahr 1850 war das Telegrafennetz in Europa noch nicht vollständig ausgebaut: Zwischen Brüssel und Aachen existierte eine Lücke, das fehlende Glied zwischen Berlin und Paris. Ein Herr namens Paul Julius Reuter erkannte, dass damit Geld zu verdienen war und richtete einen Botendienst mit Brieftauben ein, der diese Strecke überbrückte. Dadurch hatte Reuter schnelleren Zugriff auf Nachrichten aus der Pariser Börse. Er hatte begriffen, dass Informationen nur eine bestimmte Zeitlang wertvoll sind – je schneller sie beim Empfänger ankommen, desto besser.

Er verkaufte also Informationen – und seine Nachfolger tun das noch immer: Reuters Nachrichtendienst ist Ihnen sicherlich auch ein Begriff.

Was bedeutet das konkret?

Wer in Unternehmen einen Informationsvorsprung hat, ist meist in einer machtvollen Position: als Vorstand, Geschäftsführer, Managerin oder Projektleiter. Doch Informationen haben eine relativ kurze „Halbwertszeit“. Je länger man sie für sich behält (oder: je mehr Menschen davon wissen), umso höher die Wahrscheinlichkeit, dass doch irgendetwas durchsickert.

Deshalb macht es Sinn, den Informationsfluss gezielt zu steuern, denn so bleiben Sie in der handelnden Position und wirken souverän.

Welchen Unterschied in der Wahrnehmung das bedeuten kann, wird in folgenden Beispielen deutlich.

Beispiel 1:

Der Vorstand eines multinationalen Unternehmens entscheidet, einen Teil des Geschäfts auszugliedern und in einen eigenen Bereich zu überführen, der dann zentral geführt werden soll. Die Geschäftsführer der Landesgesellschaften müssen also einen Teil ihres Geschäfts an den neuen, zentralen Bereich auslagern. Der für die Umstrukturierung verantwortliche Projektleiter hat die Aufgabe, den Übergang mit den betreffenden Geschäftsführern abzusprechen und zu gestalten.

„Wissen ist Macht"	**„Den Informationsvorsprung souverän nutzen"**
Der amerikanische Geschäftsführer nimmt die Chance auf ein Gespräch mit dem Projektleiter vor der offiziellen Bekanntmachung an die Belegschaft nicht wahr. Zum Zeitpunkt der offiziellen Verlautbarung überlässt er die Leitung der Versammlung dem Projektleiter und nimmt am Rande Platz. Seinem Gesicht sieht man deutlich an, dass er mit der Entscheidung nicht einverstanden ist. Er hat zwar erkannt, dass er die Reorganisation nicht aufhalten	Der brasilianische Geschäftsführer nimmt die Chance auf ein ausführliches Briefing im Vorfeld der Versammlung wahr. Zusammen mit dem Projektleiter bespricht er die Inhalte, den Zeitplan sowie die Verantwortlichkeiten während des Übergangs und am Ende des Prozesses. Auch ein Fahrplan für die interne sowie die externe Kommunikation wird erstellt, wann also welche Mitarbeiter über die Reorganisation informiert und wann die entsprechenden Infos an die Kunden weitergegeben werden.

kann. Doch er geht mit dem angebotenen Informationsvorsprung (nämlich dem Wissen, wie der Übergang gestaltet werden wird) nicht professionell um. In seinem Verhalten wirkt er wenig souverän und schwächt dadurch seine Position insgesamt. Das wird auch so wahrgenommen – von seinen Mitarbeitern, von seinen Kollegen und auch vom Management der Firma.	Am nächsten Tag ruft *der Geschäftsführer* (und nicht der Projektleiter) seine Mitarbeiter zusammen, erläutert die neue Organisation und schildert die Vorteile. Er skizziert die einzelnen Schritte sowie das finale Konzept und sichert sodann dem Projektleiter im Beisein der Mitarbeiter seine volle Unterstützung zu. Damit tritt er gegenüber seiner Organisation als „Wissender" auf. Er führt das Thema souverän und festigt damit seine Position. Das wird auch so wahrgenommen – von seinen Mitarbeitern, von seinen Kollegen und auch vom Management der Firma

Beispiel 2:

In einem Unternehmen gibt es zwei Geschäftsführer. Der eine ist schon lange dabei, der andere ist erst vor Kurzem ins Unternehmen und in die Geschäftsleitung eingetreten. Der langjährige Geschäftsführer beschließt, aus gesundheitlichen Gründen aus dem Unternehmen auszuscheiden und teilt das zunächst seinem Kollegen in der Geschäftsführung mit. Dieser hat nun die Aufgabe, die anstehende Veränderung professionell zu kommunizieren.

„Wissen ist Macht“	„Den Informationsvorsprung souverän nutzen“
Der zweite Geschäftsführer bittet den ausscheidenden Kollegen, diese Information zunächst für sich zu behalten. Er möchte in Ruhe überlegen, wie er die Information ins Unternehmen gibt. Doch bereits drei Tage später kocht die Gerüchteküche: Irgendjemand hat von der Sache Wind bekommen. Nun ist der verbleibende Geschäftsführer in der reaktiven Rolle und kann den Kommunikationsprozess selbst nur noch bedingt steuern. Solche exklusiven Informationen haben die Tendenz, wesentlich schneller ans Tageslicht zu kommen als geplant. Umgekehrt heißt das: Wer schnell handelt und den Prozess aktiv steuert, ist immer im Vorteil. Diesen Vorteil hat der verbleibende Geschäftsführer leichtfertig aus der Hand gegeben. Er muss nun den bereits die Runde machenden Gerüchten entgegentreten, richtigstellen,	Der zweite Geschäftsführer bittet den ausscheidenden Kollegen, diese Information zunächst für sich zu behalten. Gleichzeitig ist ihm klar, dass er schnell handeln muss, um den Prozess der Bekanntgabe selbst zu steuern. Daher erarbeitet er einen Zeitplan, um die wichtigen Personen entsprechend ihrer Position im Unternehmen nacheinander zu informieren: zunächst den Vorstand, dann die leitenden Führungskräfte und den Betriebsrat und schließlich alle anderen Mitarbeiter. Dafür hat er maximal zwei Tage Zeit, weil solch ein gewichtiges Thema sonst die Runde macht. Dabei entscheidet er sich auch, bestimmte Menschen im Unternehmen persönlich zu informieren, um deren großen Ego gerecht zu werden.

korrigieren – und verliert damit ein Stück Glaubwürdigkeit, weil der den Wechsel kommuniziert, den die meisten Mitarbeiter sowieso schon kennen.	Denn Menschen mit einem großen Ego möchten gerne auch besonders behandelt werden. Die weiteren Führungskräfte werden kurz vor der Betriebsversammlung in einem Meeting informiert, so dass sie ebenfalls einen kleinen Informationsvorsprung haben – den sie zwar nicht mehr nutzen können, um die Info selbst weiterzugeben, durch den sie jedoch in ihrer Position wertgeschätzt werden Auf diese Weise erfolgt die stufenweise Kommunikation geordnet: Führungskräfte und Betriebsrat werden im Vier-Augen-Gespräch informiert, alle weiteren Abteilungsleiter in einer Versammlung, alle weiteren Mitarbeiter in einer Betriebsversammlung. Der neue Geschäftsführer wird als derjenige wahrgenommen, der die Zügel in der Hand hat. Das vermittelt allen Beteiligten Sicherheit und natürlich ein hohes Maß an Glaubwürdigkeit.

Fazit: Ich gehe mit meinem Wissen verantwortungsvoll um

Als Führungskraft wird von mir erwartet, dass ich über bestimmte Prozesse und Informationen mehr weiß als andere. Das gehört zu meiner Position. Die Frage ist allerdings, wie ich damit umgehe. Verfahre ich nach dem Grundsatz „Ich werde es schon irgendwann mitteilen“, dann vergebe ich die Chance, meinen Wert als Führungskraft zu bestätigen – und damit auch die Chance, mit meinem Wissen den Informationsfluss zu steuern und zum Besten des Unternehmens und natürlich auch meiner eigenen Position einzusetzen.

Denn wenn ich den Informationsvorsprung gezielt nutze, werde ich immer noch als derjenige wahrgenommen, der mehr weiß als die anderen – der aber mit diesem Wissen gleichzeitig verantwortungsvoll und souverän umgeht. Das festigt meine Position und unterstreicht meine Glaubwürdigkeit.

Wie könnte ein Kommunikationsplan aussehen, mit dem ich in meiner Firma, meinem Verein, meiner Gemeinde über ein wichtiges Thema informiere?

- **Informieren im persönlichen Gespräch (Vier-Augen-Gespräch):** Zeigt sicherlich die größte Wertschätzung, aber alleine aufgrund des Aufwands kann man nur eine begrenzte Anzahl von Menschen persönlich, d. h. im Vier-Augen-Gespräch informieren.
- **Informieren im persönlichen Gespräch per Telefon:** Zeigt sicherlich eine große Wertschätzung, aber nicht so viel wie ein persönliches Gespräch unter vier Augen. Vorteil: Dauert in der Regel nicht so lange wie ein Vier-Augen-Gespräch.
- **Informieren per SMS:** Auch ein Zeichen der Wertschätzung, steht sicherlich über einer E-Mail in der Wertigkeit. Vorteil: man kann „sozusagen“ persönlich informieren, ohne viel Zeit zu investieren.

- **Informieren per persönlicher E-Mail:** Auch ein Zeichen der Wertschätzung (Frage: Wer steht im Verteiler ... nur eine Person oder mehrere ... was ist hier das Signal?), aber sicherlich weniger wertschätzend als ein persönliches Gespräch. Vorteil: Man kann viele „persönliche" Mails in kurzer Zeit verschicken.

Kommunikationsplan						
		Chef	**Wichtige Leute**	**Kollegen**	**Betriebsrat**	**...**
Persönlich	**Gespräch**					
	Phone					
	SMS					
	Mail					
Verteiler	**Gespräch**					
	Phone					
	SMS					
	Mail					

Erst
wer,
dann
was

Believe 17: Erst wer, dann was

„Ich fokussiere mich auf meine Aufgaben“ wird zu „Ich stelle Menschen in den Mittelpunkt meines Handelns“

Ein Arztbesuch ist selten erfreulich. Besonderes Unbehagen löst bei den meisten Menschen das Gefühl aus, der Arzt interessiere sich ausschließlich für das Symptom und praktisch gar nicht für sie: „Was macht das Knie denn heute?“ ist so eine klassische Frage, bei der der Arzt sich zwar auf seine Aufgabe konzentriert, aber den Menschen, der an dem Knie hängt, mit seinen Bedürfnissen und Ängsten nicht im Blick hat.

Bestimmt haben Sie auch schon ähnliche Erfahrungen gemacht. Umgekehrt lieben Menschen ihren Hausarzt oft dafür, dass er sich für sie Zeit nimmt, sich nach dem allgemeinen Befinden erkundigt und sich sogar noch an Details aus dem letzten Gespräch erinnert. Bei so einem Arzt fühlen wir uns aufgehoben, wir vertrauen ihm.

Eigentlich ganz einfach, oder?

Worum geht es konkret?

Im Unternehmen treffen Führungskräfte tagtäglich Entscheidungen, und oft sind sie sich gar nicht bewusst darüber, ob sie sich dabei auf die Aufgaben konzentrieren, die erledigt werden müssen, oder aber auf die Menschen, die diese Aufgaben bewältigen. Kurzfristig scheint es durchaus sinnvoll zu sein, eher die Aufgaben im Blick zu haben: Kollegen und Mitarbeiter müssen schließlich angeleitet, der Arbeitsfortschritt gesteuert und kontrolliert sowie nötigenfalls korrigiert werden.

Die Krux dabei: Auch beim nächsten Mal müssen die Führungskräfte ähnlich vorgehen, um sicherstellen zu können, dass die jeweilige Aufgabe zu einem guten Ergebnis gebracht wird. Langfristig gesehen ist die Führungskraft damit zu einem Großteil ihrer Zeit damit beschäftigt, die immer gleichen Prozesse zu steuern und zu kontrollieren. Das bedeutet im Umkehrschluss weniger Freiraum für strategische Überlegungen und innovative Entwicklungen.

Welche positiven Auswirkungen es hingegen haben kann, wenn im Fokus des Handelns eher der Mensch steht, zeigen die folgenden Beispiele:

<u>*Beispiel 1:*</u>

Der Geschäftsführer eines mittelständischen Unternehmens hat eine enge Mitarbeiterin. Diese hat er über Jahre aufgebaut und gefördert, von der Mitarbeit in der Produktion bis zur Abteilungsleiterin. Eines Tages kommt sie in sein Büro, schließt die Tür hinter sich und eröffnet ihm, dass sie schwanger sei.

„Ich fokussiere mich auf meine Aufgaben"	**„Ich stelle Menschen in den Mittelpunkt meines Handelns"**
Der Geschäftsführer reagiert geschockt: „Das ist eine Katastrophe! Ich habe x Jahre in Sie investiert, und jetzt lassen Sie Ihre Aufgaben und Ihr Team im Stich! Das wird uns eine Stange Geld kosten und uns zurückwerfen. Wann kommt das Baby denn? Wie lange bleiben Sie noch? Werden Sie zurückkommen?"	Der Geschäftsführer schluckt und entscheidet sich dann bewusst dafür, sich auf die Mitarbeiterin zu fokussieren: „Das ist ja wunderbar, ich freue mich für Sie! Herzlichen Glückwunsch!" Die Mitarbeiterin hat ein schlechtes Gewissen ihm gegenüber, weil ihr bewusst ist, dass

Mit dieser Reaktion ist er ausschließlich auf die Aufgaben fokussiert und die Frage, wie diese ohne die Mitarbeiterin erledigt werden sollen. Die Gefühle der Mitarbeiterin hat er gar nicht im Blick. Dabei ist es ihr auch schwergefallen, ihm die Neuigkeit zu kommunizieren. Dass sie ihm damit das Leben nicht gerade leichter macht, ist ihr bewusst. Aus professioneller Sicht ist dies auch nachvollziehbar. Menschlich fühlt sie sich jedoch im Stich gelassen. Möglicherweise hat das Auswirkungen auf ihre Entscheidung, ob sie nach der Elternzeit zurück ins Unternehmen kommt.	ihre Abwesenheit für die Abteilung schwierig sein wird. Doch der Geschäftsführer beruhigt sie: „Das zu regeln, ist meine Herausforderung, nicht Ihre. Sie bringen jetzt erst einmal ein gesundes Baby auf die Welt." Zusammen überlegen die beiden im Anschluss, wie sich die Zeit ihrer Abwesenheit gut überbrücken lässt und finden eine gute Lösung. Im Idealfall steigt die Mitarbeiterin nach der Elternzeit wieder ins Unternehmen ein.

<u>*Beispiel 2:*</u>

Ein hochrangiger Mitarbeiter erfährt, dass ein Kollege in einer Tochtergesellschaft „degradiert“ wurde. Daraufhin ruft er ihn an.

„Ich fokussiere mich auf meine Aufgaben“	**„Ich stelle Menschen in den Mittelpunkt meines Handelns“**
Der Mitarbeiter fragt den Kollegen, wer denn jetzt seine Aufgaben wahrnehmen wird. „Wer ist denn jetzt mein Ansprechpartner?“ Der Kollege gibt ihm natürlich die entsprechende Auskunft, doch das Gespräch ist sehr schnell vorbei.	Der Mitarbeiter fragt seinen Kollegen, wie es ihm mit dieser Entscheidung geht und bekundet sein Mitgefühl. Er könnte zum Beispiel Folgendes sagen: „Ich habe schon ähnliche Situationen erlebt. Mir ist dabei klar geworden, dass wir im Leben manche Lektionen serviert bekommen. Und wenn wir nichts daraus lernen, bekommen wir diese Lektion so lange vorgesetzt, bis wir sie gelernt haben.“ Daraus entspinnt sich ein intensives und persönliches Gespräch, das die Beziehung zwischen den beiden Kollegen stärkt.

Beispiel 3:

Eine Außendienstmitarbeiterin erfährt beim Kundenbesuch, dass der anvisierte Auftrag bereits an den Wettbewerber gegangen ist. Sie kommt zurück in das Unternehmen und erzählt dies.

„Ich fokussiere mich auf meine Aufgaben"	**„Ich stelle Menschen in den Mittelpunkt meines Handelns"**
Ihr Vorgesetzter fragt, ob sie die Anzeichen nicht früher hätte erkennen können. „Warum haben wir diesen Auftrag nicht bekommen? Wieso haben wir nicht erkannt, dass der Wettbewerber die Nase vorn hat?" Damit bringt er seine Mitarbeiterin in eine Position der Rechtfertigung, und das Gespräch verläuft in einer eher angespannten Atmosphäre.	Ihr Vorgesetzter fragt sie zunächst, wie es ihr geht und wie sie die schlechten Neuigkeiten verdaut. „Was war trotz allem das Gute an diesem Besuch? Was können Sie aus dem Vorgang lernen? Würden Sie das Projekt beim nächsten Mal ähnlich steuern oder etwas verändern?" Damit gibt er der Mitarbeiterin die Gelegenheit, aus dem gescheiterten Projekt zu lernen.

Sicher gibt es Situationen, in denen der Mensch in den Hintergrund treten muss, nämlich in einer akuten Krise. Dann muss jemand das Steuer in die Hand nehmen, ganz autoritär entscheiden und jedem seine Aufgabe zuteilen. In diesem Fall wäre aufgabenorientiertes Handeln notwendig, um zu überleben.

Fazit: Ich investiere meine Zeit in Menschen und ihre Entwicklung

Solange ich immer nur die Aufgaben im Blick habe, muss ich einen relativ hohen Aufwand treiben, um durch Anleitung und Kontrolle die richtigen Ergebnisse zu erzielen. Diese Zeit fehlt mir für strategische Überlegungen. Darüber hinaus agieren meine Mitarbeiter dann auch weiterhin unselbstständig, und sie erwarten von mir, dass ich ihnen ständig sage, was sie zu tun und zu lassen haben.

Wenn ich jedoch Vertrauen in meine Mitarbeiter setze und ihre Entwicklung im Fokus habe, dann dauert es vielleicht zunächst länger, gute Ergebnisse zu erzielen. Auf lange Sicht gesehen sorge ich so aber dafür, dass sich die Menschen stärker mit dem identifizieren, was sie tun. So erzeuge ich ein „Schwungrad", bei dem sich das Team und die gesamte Organisation Tag für Tag und Aufgabe für Aufgabe hinter meine Ziele stellen.

Meine Mitarbeiter vertrauen mir und wissen, dass ich ihnen die Chance gebe, aus ihren Fehlern zu lernen und sich so zu entwickeln. Mit großartigen Mitarbeitern kann ich alles erreichen! Deshalb nehme ich mir immer Zeit für sie.

Ein kleiner Tipp: Wenn Sie nicht genau wissen, ob Sie tatsächlich Aufgaben oder Menschen in den Mittelpunkt Ihres Handelns stellen, dann schauen Sie in Ihren Kalender. Er wird Ihnen zuverlässig zeigen, was Ihnen wichtiger ist: Zählen Sie ganz einfach die aufgaben- und die personenbezogenen Termine!

Der Fortschritt ist wichtiger
als das Ergebnis

Believe 18: Fortschritt ist wichtiger als das Ergebnis

„Nur das Ergebnis zählt“ wird zu „Ich würdige den Prozess“

Michael Schumacher war ohne Frage einer der erfolgreichsten Rennsportler. Neben seinem fahrerischen Können war dafür vor allem eine Eigenschaft verantwortlich: ein gewisser Perfektionismus. Gute Ergebnisse waren ihm zwar wichtig. Viel interessanter fand er jedoch stets die Frage, was er und sein Team noch besser hätten machen können.

Beim Großen Preis von Monaco war die Übersetzung des zweiten Ganges nicht optimal eingestellt. Schumacher ärgerte sich darüber, obwohl er gerade beim fünften Rennen in Folge auf dem Siegertreppchen gestanden hatte. Einer seiner Mechaniker fragte: „Wir haben doch gewonnen, wo ist das Problem?“

Schumacher antwortete: „Wir haben einen Fehler gemacht und trotzdem gewonnen. Aber wenn wir den Fehler nicht finden, werden uns die anderen bald überholen.“

Schumacher hatte also immer bereits das nächste Rennen im Blick, bei dem er dann noch besser sein wollte. Er hat sich nie auf seinen Lorbeeren ausgeruht.

Worum geht es konkret?

Unternehmen sind heute mehr denn je einem großen Innovationsdruck ausgesetzt. Sich auf bisherigen Erfolgen auszuruhen, kann das Todesurteil bedeuten. Denken Sie an einen ehemaligen Marktführer wie Nokia, wo das Management schlicht die Smartphone-Entwicklung verschlafen hat.

Was für große Organisationen gilt, hat aber auch im Kleinen Gültigkeit, im Tagesgeschäft: Immer nur darauf zu achten, ob man einen Auftrag gewonnen oder verloren hat, reicht nicht. Selbst wenn wir unsere Ziele erreicht haben, ist eine anständige Manöverkritik unabdingbar. Es gibt immer Stellschräubchen, an denen wir noch drehen können.

Was das konkret bedeuten kann, zeigen Ihnen die folgenden Beispiele:

Beispiel 1:

Ein langjähriger Mitarbeiter fährt mit dem neuen Geschäftsführer zu einem Kunden, um die Preiserhöhung für ein bestimmtes Bauteil durchzusetzen. Da sich die beiden noch nicht so gut kennen, bereiten sie sich gründlich vor und spielen verschiedene Szenarien durch. Das Gespräch verläuft zwar gut, doch der Kunde hat die besseren Argumente – tatsächlich muss das Unternehmen sogar eine Preissenkung akzeptieren.

„Nur das Ergebnis zählt“	**„Ich würdige den Prozess“**
Der Mitarbeiter ist frustriert, weil das angepeilte Ziel nicht erreicht wurde. Er ist auf das Ergebnis fixiert und kann daher nicht würdigen, was am Gespräch gut verlaufen ist.	Der neue Geschäftsführer ist hochzufrieden über den guten Schlagabtausch und die Teamleistung. Obwohl die Preiserhöhung nicht durchgesetzt werden konnte, sieht er, dass der Mitarbeiter und er sehr gut ihre jeweiligen Rollen vertreten haben und gegenüber dem Kunden eine Einheit bildeten. Daher analysiert er nun gemeinsam mit dem Mitarbeiter, wie

	das Gespräch im Einzelnen verlaufen ist: An welcher Stelle ging der Gesprächspartner in den Widerstand? Wie haben die beiden darauf reagiert? Hätte man an der Vorbereitung doch noch etwas optimieren können? Auf diese Weise kann der Prozess gewürdigt werden und dient zugleich als Vorbereitung auf eine ähnliche Situation, in der dann gegebenenfalls noch souveräner gehandelt werden kann.

Beispiel 2:

In einem Textilunternehmen absolviert eine junge Frau erfolgreich eine Ausbildung. Sie erhält viel Lob und Anerkennung, auch von Kunden. Gegen Ende der Lehre entscheidet sie sich für eine weiterführende Schule und kündigt – auch weil ihr keine Anschlussvereinbarung angeboten wurde. Das führt zu einer regelrechten Schockwelle im Unternehmen. Ihre Abteilungsleiterin geht ihr fortan aus dem Weg, und die junge Frau darf in der verbleibenden Zeit nur noch Hilfstätigkeiten ausführen.

„Nur das Ergebnis zählt"	„Ich würdige den Prozess"
Das Management sieht nur, dass eine junge, talentierte Mitarbeiterin nach drei Jahren Ausbildung geht und hofft jetzt, dass man wenigstens einen adäquaten Ersatz für sie findet.	Das Management erkennt, dass hier einiges schiefgelaufen ist: Niemand wusste zum Beispiel, dass die junge Frau vorhatte zu gehen, weil es keinen Prozess für Mitarbeitergespräche gab. Ein High Potential wurde daher nicht erkannt und entsprechend gefördert bzw. ans Unternehmen gebunden. Zu guter Letzt war auch die Abteilungsleitung nicht darin geschult, ein vielversprechendes Talent zurückzugewinnen. Das Management erhält aus der Analyse dieses Vorfalls also viele wertvolle Hinweise darauf, wie es zukünftig in solchen Fällen vorgehen kann. Das Ergebnis bleibt im konkreten Fall zwar immer noch dasselbe, aber der Lerneffekt aus dem Prozess war es dann vielleicht wert und man kann das dann künftig besser machen.

Fazit: Ich kann morgen noch besser sein als heute

Wenn ich mich immer nur am Ergebnis orientiere, vergebe ich die Chance, aus meinen Fehlern zu lernen. Sich vom Erreichten blenden zu lassen, bedeutet gleichzeitig, die Augen vor möglichen Fehlerquellen zu verschließen und neue Entwicklungen zu wenig zu berücksichtigen.

Lege ich den Fokus hingegen auf den Prozess, der zu diesem Ergebnis geführt hat, kann ich auch in scheinbaren Misserfolgen das Gute sehen. Ich analysiere den gesamten Fortschritt und weiß dann, an welchen Punkten ich ansetzen kann, um beim nächsten Mal noch besser zu sein.

Damit gewinne ich auch die „Handlungshoheit“ zurück und lasse mich von Misserfolgen nicht entmutigen. Den Prozess zu würdigen, ist daher auch für meine professionelle Ausstrahlung insgesamt ein Pluspunkt.

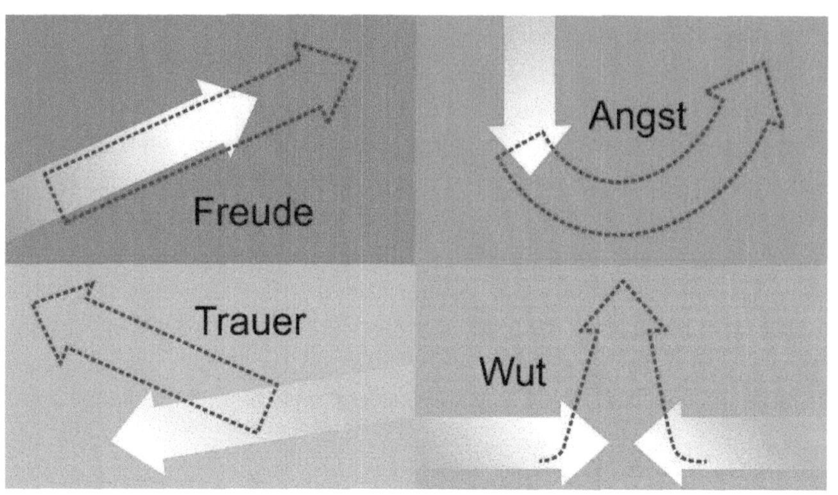
Angst
Freude
Trauer
Wut

Believe 19: Die vier Grundgefühle: 1. Angst

„Angst bestimmt mein Handeln" wird zu „Angst ist mein Wegweiser"

Wie viele Menschen kennen Sie, die sich ihr Leben durch ihre Ängste bestimmen lassen? Die sich zum Beispiel keine neue Arbeitsstelle suchen, obwohl sie in ihrem bisherigen Job äußerst unzufrieden sind – aus Angst, es könnte noch schlimmer kommen?

Solche Menschen finden immer Ausreden, warum dieses oder jenes auf gar keinen Fall klappen kann. Sie behaupten, ihr „Bauchgefühl" rate ihnen von dieser oder jener Handlung ab – und verkennen damit, dass ihre Intuition mit Angst nichts zu tun hat.

Ganz klar: Angst ist evolutionär gesehen ein wichtiges Gefühl. Wären unsere Ahnen nicht ihrer Angst gefolgt und vor dem Säbelzahntiger davongerannt, gäbe es uns heute wahrscheinlich nicht. Der Mensch braucht ein Gefühl von Sicherheit und tut viel dafür, dieses zu erlangen. Doch heute ist Flucht in den meisten Fällen die schlechteste Option als Reaktion auf unsere Ängste.

Worum geht es konkret?

In der heutigen Zeit scheint ständig alles im Umbruch: Unternehmen werden übernommen, Strategien verändert oder auch neue, scheinbar undurchschaubare Technologien eingeführt. Bei vielen Mitarbeitern führen all diese Veränderungen zu Verunsicherung bis hin zur Angst. Doch Angst lähmt, wirkt sich negativ auf die Produktivität aus und hemmt Kreativität, Freude und Innovationsfähigkeit. Auch Führungspersönlichkeiten stehen immer wieder vor Herausforderungen, die bewältigt werden wollen. Wie gehen Sie dann mit Ihren Ängsten um? Ängste zu erkennen und konstruktiv zu nutzen, ist erste Führungspflicht – auch bei sich selbst.

Welche Strategien hier sinnvoll sind, zeigen die folgenden Beispiele.

Beispiel 1:

Ein leitender Angestellter führt gemeinsam mit seinem Vorgesetzten ein- bis zweimal pro Jahr Abstimmungsgespräche über seinen Bereich mit dem Vorstand. Normalerweise ist daran lediglich ein Vorstandsmitglied beteiligt sowie der Geschäftsführer eines Werkes. Doch aufgrund eines anstehenden Personalwechsels sind bei einem der routinemäßigen Termine nun zwei Vorstände dabei sowie sechs weitere Geschäftsführer, die sich wegen einer Konferenz gerade in der Stadt aufhalten. Der leitende Angestellte sieht sich also acht Personen gegenüber, während er mit seinem Chef, der sich in der Regel neutral verhält, sozusagen „auf der anderen Seite" sitzt.

„Angst bestimmt mein Handeln"	**„Angst ist mein Wegweiser"**
Der leitende Angestellte verspürt bei dieser Konstellation große Angst. Es fühlt sich für ihn an, als stünde er allein gegen alle anderen, sei also von vornherein in der Defensive. Daher sucht er sich „Schützenhilfe" und bringt drei weitere Mitarbeiter mit.	Der leitende Angestellte spürt zwar seine Ängste, beschließt aber, sie als Ansporn für einen souveränen Aufritt zu nutzen. Er steckt also seine gesamte Energie in die Vorbereitung des Gesprächs. Mögliche kritische Themen bespricht er bereits im Vorfeld mit den anwesenden Geschäftsführern, um unangenehme Überraschungen zu vermeiden.

Damit gibt er seiner Angst nach und erlaubt ihr, sein Handeln zu bestimmen. Die Wirkung auf die Kollegen und Vorstände? Wahrscheinlich eher wenig souverän. Der Mitarbeiter empfiehlt sich damit nicht für weitere Karrieremöglichkeiten.	Bei der Sitzordnung sorgt er dafür, dass die acht Personen auf der einen Seite der Tafel sitzen und er mit seinem Chef auf der anderen. Dann eröffnet er das Meeting mit den Worten: „Tja, die Produktion ist hier heute mit acht Leuten vertreten, und wir vom Vertrieb sind nur zu zweit. Das ist natürlich ein etwas unausgewogenes Verhältnis ... für die Produktion! Beim nächsten Mal bringen Sie doch gleich noch ein paar mehr Leute mit!“ Damit hat er den ersten Lacher des Meetings auf seiner Seite. Insgesamt verlaufen die Gespräche gut und konstruktiv, und er erzielt mit seinem Verhalten eine positive Wirkung, die ihm viel Respekt einbringt.

Beispiel 2:

In der Wirtschaftskrise 2008/2009 hat ein Unternehmen hohe Umsatzrückgänge zu verzeichnen. Das führt zu massiven Kostensenkungen, unter anderem auch zu Kurzarbeit und Entlassungen. Kurz nachdem die Krise erfolgreich bewältigt und die Auftragslage wieder sehr gut ist, verlässt ein sehr beliebter Geschäftsführer aus gesundheitlichen Gründen das Unternehmen. Obwohl es scheinbar keinen Grund dafür gibt, ist die Stimmung im Unternehmen noch immer angespannt.

„Angst bestimmt mein Handeln“	„Angst ist mein Wegweiser“
Der Geschäftsleiter versteht die gefühlsmäßige Gemengelage im Unternehmen nicht und ignoriert sie einfach. In der Folge verlassen diverse Mitarbeiter das Unternehmen, das in ihren Augen ein „sinkendes Schiff“ ist, wenn doch der allseits beliebte Geschäftsführer auch schon gegangen ist. Sie haben das Vertrauen verloren.	Der Geschäftsleiter erkennt, dass das Trauma der Krise den Mitarbeitern noch in den Knochen steckt und sie Angst vor der Zukunft haben. Daher entscheidet er sich, dieser Angst durch Information zu begegnen. Er hält regelmäßig Betriebsversammlungen ab und verschickt alle zwei Wochen Memos unter dem Titel „Das Neueste aus der Geschäftsleitung“. Darüber hinaus verbringt er viel Zeit in Besprechungen mit Mitarbeitern und steht ihnen Rede und Antwort. Auf diese Weise gelingt es ihm, die Angst langsam zurückzudrängen und wieder Zuversicht und Vertrauen auf die Zukunft des Unternehmens zu erzeugen.

Fazit: Mit Sicherheit gegen die Angst

Wenn ich zulasse, dass meine Ängste mein Leben bestimmen, kann ich mich kaum freimachen von einem ständigen Gefühl der Unsicherheit. Das wirkt sich negativ auf mein Selbstwertgefühl aus – und nach außen strahle ich damit wenig Souveränität aus.

Doch wenn ich begreife, dass Ängste immer auch Wegweiser sind, die mir zeigen können, wo meine Entwicklungsmöglichkeiten liegen, erobere ich mir meine Handlungsfähigkeit zurück und gewinne wieder die Hoheit über mein Leben. Nur das gibt mir wahre Sicherheit, die von innen kommt.

Darüber hinaus wirke ich damit souverän, strahle Zuversicht aus und wecke Vertrauen in anderen Menschen. Damit qualifiziere ich mich für Führungsaufgaben, weil ich verstehe, wie wichtig es ist, mich selbst zu führen statt dies meiner Angst zu überlassen.

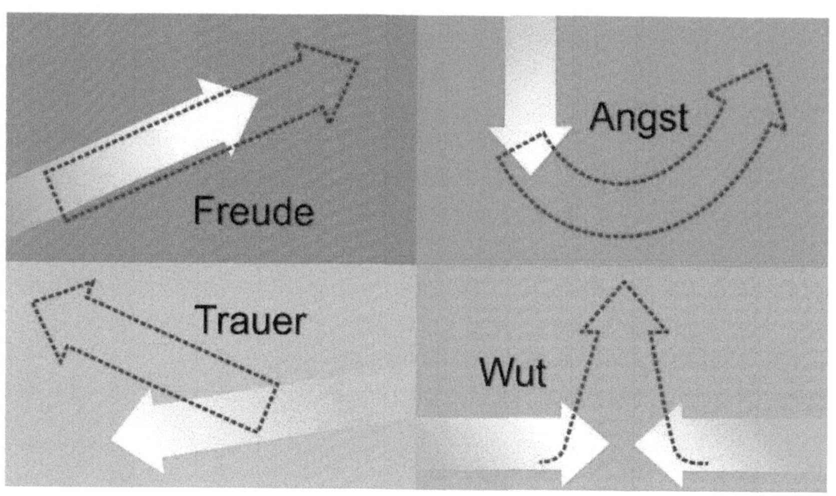
Freude
Angst
Trauer
Wut

Believe 20: Die vier Grundgefühle: 2. Trauer

„Ich kürze die Trauerphase ab“ wird zu „Ich würdige die Vergangenheit“

Ach ja, die gute alte Zeit! Früher war doch wirklich alles schöner, die Wiesen grüner, der Himmel blauer, und überhaupt ging es uns insgesamt viel, viel besser!

Kennen Sie diese Verklärung der Vergangenheit? Wir blenden das Schlechte einfach aus und heben nur die schönen Momente hervor.

Das ist eine sinnvolle Verarbeitungsstrategie, wenn es um den Umgang mit Trauer geht. Denn diese braucht Raum!

Die Kirche als Meisterin der Trauerbewältigung macht es uns vor: Am Grab wird der Verstorbene gewürdigt, die positiven Aspekte seiner Persönlichkeit werden besonders betont. So können die Hinterbliebenen für eine gewisse Zeit in der Vergangenheit bleiben und ihre Trauer nach und nach bewältigen.

Worum geht es konkret?

Auch in Unternehmen und Organisationen kommt es zu Situationen, die für alle Beteiligten schwer zu verdauen sind: Vielleicht endet die Zusammenarbeit mit einem langjährigen Kunden, zu dem auch persönliche gute Beziehungen bestanden. Oder ein verdienter Mitarbeiter verlässt das Unternehmen.

Kluge Führungskräfte wissen, dass solche Ereignisse berechtigte Trauer auslösen, die angemessen verarbeitet werden muss. Denn sonst hemmt sie den Blick auf die Zukunft.

Wie das ganz praktisch aussehen kann, zeigt das folgende Beispiel.

Beispiel:

Ein langjähriger Geschäftsführer, der für viele Mitarbeiter eine Art Vaterfigur und persönlicher Ansprechpartner war, geht in Rente.

„Ich kürze die Trauerphase ab"	**„Ich würdige die Vergangenheit"**
Der Vorstandsvorsitzende lässt eine Abschiedsparty organisieren, auf der er eine Rede hält: „Wir haben bereits Ersatz für den Kollegen gefunden, einen jungen Mann, der sicher nur eine kurze Einarbeitungszeit benötigen wird. Freuen wir uns darauf!" Damit will er den Blick der Mitarbeiter auf die Zukunft richten. Doch was er nicht versteht und damit auch nicht würdigt, ist die echte Trauer der Belegschaft. Er lässt sie sozusagen mit ihrem Schmerz allein, der so nicht gut verarbeitet werden kann. Im schlimmsten Fall führt das dazu, dass dem neuen Geschäftsführer Abweisung entge-	Der Vorstandsvorsitzende erkennt, dass er der Trauer Raum geben muss, indem er in gewisser Weise die Vergangenheit glorifiziert. Daher legt er bei der Abschiedsfeier den Schwerpunkt in seiner Rede auf die Trauer: „Dass dieser Kollege uns nun verlässt, ist auch für mich persönlich ein großer Verlust, denn er war immer ein wertvoller Ratgeber für mich. Wissen Sie noch, wie er damals ..." Auch im Intranet wird über den Abschied und das Fest berichtet. Auf diese Weise erlaubt er den Mitarbeitern, ihrer Trauer Ausdruck zu geben. Sie fühlen sich nicht allein damit.

gen schlägt, die sich natürlich negativ auf die Produktivität auswirkt.	Die Situation ist vergleichbar mit dem Leichenschmaus nach einer Beerdigung: Man erinnert sich an den Verstorbenen, tauscht Geschichten aus und lacht sogar gemeinsam. Damit kann die Belegschaft mit dem Verlust abschließen und sich dem Neuen zuwenden – in diesem Fall dem neuen Geschäftsführer.

Fazit: Zeit zu trauern, Zeit zu leben

Trauer ist ein zutiefst menschliches Gefühl und kann nicht abgekürzt werden. Verluste tun weh, ob im Privaten oder im geschäftlichen Kontext. Wenn ich das negiere, gehe ich dem Schmerz aus dem Weg und bewege mich emotional nur an der Oberfläche. Damit riskiere ich, dass sich die Emotion auf andere Weise Bahn bricht, die dann in der Regel wenig konstruktiv ist.

Gebe ich der Trauer hingegen Raum mit der Einstellung „Ich würdige die Vergangenheit", kann ich ein trauriges Ereignis abschließen. Dann ist die Trauer sozusagen „durchfühlt" und der Raum wieder frei für Freude und das lebendige Sein – und damit für die Zukunft.

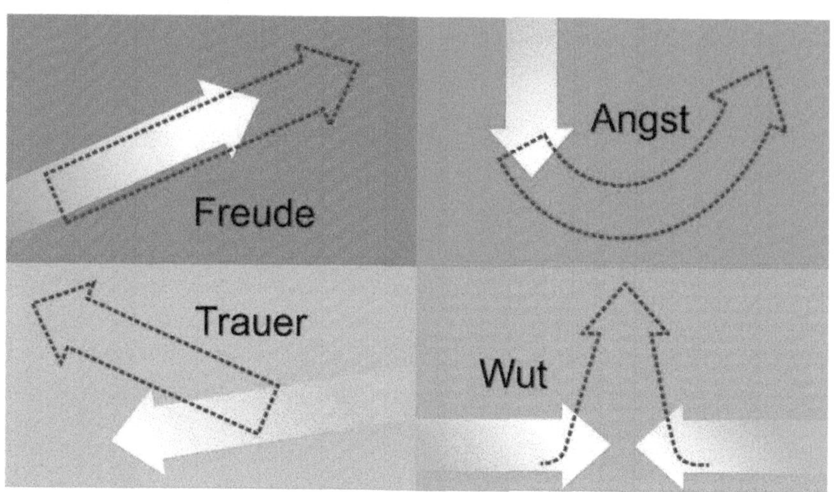
Freude
Angst
Trauer
Wut

Believe 21: Die vier Grundgefühle: 3. Wut

„Ich fühle mich bei Konflikten hilflos" wird zu „Ich gehe souverän mit Kritik um"

In der Natur lassen sich unterschiedliche Strategien beobachten, wenn Tiere angegriffen werden: Entweder sie gehen zum Gegenangriff über, wie es zum Beispiel ein Wolf tun würde. Dafür wird sehr viel Energie mobilisiert, und das kann zur erfolgreichen Abwehr des Angriffs führen.

Oder sie stellen sich tot (das heißt sie schweigen), wie zum Beispiel der Igel, der sich einrollt und nur noch seine Stacheln zeigt. Auch das ist ein Vorgehen, das in der Natur oft funktioniert, weil der Angreifer irgendwann die Lust verliert.

Zu guter Letzt reagieren Tiere auf einen Angriff mit Flucht, wenn das möglich ist. Wer schneller ist als der Angreifer oder die besseren Haken schlägt, kann auf diese Weise entkommen. Das ist das Verhalten eines Hasen.

Im menschlichen Miteinander lassen sich ganz ähnliche Verhaltensweisen beobachten, die allerdings nicht immer dazu führen, dass der Konflikt beglichen wird. Allerdings haben die Menschen noch eine weitere Möglichkeit, die die Tiere nicht zur Verfügung haben: Sie können souverän reagieren.

Worum geht es konkret?

Als Führungskraft werden Sie immer wieder mit Situationen konfrontiert, in denen Sie angegriffen werden oder mit der – zuweilen durchaus berechtigten – Wut eines Mitarbeiters umgehen müssen. Die Frage ist, welches Repertoire an Reaktionen Sie haben, um mit Konflikten gut umzugehen und dabei als souverän wahrgenommen zu werden – also ein Sieg ohne Verlierer und auch ohne Gesichtsverlust.

Die folgenden Beispiele demonstrieren, welche zusätzlichen Möglichkeiten wir Menschen im Vergleich zu den Tieren haben, um mit Wut und Angriffen umzugehen.

Beispiel:

Ein Mitarbeiter aus dem Einkauf wendet sich voller Empörung an seinen Vorgesetzten, weil ein Kollege etwas „verbockt" hat.

„Ich fühle mich bei Konflikten hilflos"	**„Ich gehe souverän mit Kritik um"**
Der Vorgesetzte solidarisiert sich mit dem Mitarbeiter: „Sie haben völlig Recht, das geht ja gar nicht! Da lasse ich jetzt mal den Blitz einschlagen!" Damit verstärkt er die Wut und Empörung des Mitarbeiters. Mit seiner Reaktion hat er vielleicht einen Freund gewonnen – aber nicht unbedingt einen motivierten Mitarbeiter für die Zukunft. Und zudem treibt er einen Keil in die Mannschaft, weil er eindeutig Partei ergreift. Letztendlich hat der Mitarbeiter seinen Chef erfolgreich für seine Zwecke instrumentalisiert – was	Der Vorgesetzte bedankt sich zunächst bei seinem Mitarbeiter: „Gut, dass Sie damit gleich zu mir gekommen sind. Ich sehe, dass Sie sehr wütend sind. Was genau hat Sie so wütend gemacht? Dass Sie verspätet informiert wurden, dass Sie übergangen wurden, oder dass die Firma jetzt einen Nachteil hat?" Dann schlägt er vor, die Angelegenheit zu prüfen und am nächsten Tag ausführlich zu besprechen. Er vereinbart direkt einen Termin für ein gemeinsames Gespräch, aber erst am nächsten

nicht für dessen Qualitäten als Führungskraft spricht.	Tag, wenn die Wut des Mitarbeiters schon etwas verraucht ist. Damit bleibt er Herrscher des Verfahrens und lässt die Wut des Mitarbeiters erst einmal ins Leere laufen. Trotzdem fühlt der Mitarbeiter sich ernst genommen und nimmt seinen Chef als souverän wahr.

Beispiel 2:

In einem Feedbackgespräch wird einem Projektleiter von seinem Chef mitgeteilt, dass die Projektteilnehmer mit der Führung des Projekts unzufrieden sind und befürchten, er werde das Projekt nicht erfolgreich abschließen können. Der Chef äußert, dass er diese Sorge teilt.

„Ich fühle mich bei Konflikten hilflos“	**„Ich gehe souverän mit Kritik um“**
Der Projektleiter reagiert wütend, weil er sich über die Mitarbeiter ärgert, die mit dem Problem nicht zu ihm kommen, sondern hinter seinem Rücken agieren. Außerdem fühlt er sich zu Unrecht angegriffen und wälzt	Der Projektleiter spürt seine Wut, aber entscheidet sich bewusst dafür, weder in die Defensive zu gehen noch sich seiner Verantwortung zu entziehen. Er atmet tief durch. Dann stellt er seinem Chef folgende Fragen:

daher die Verantwortung ab, indem er z. B. Folgendes sagt: „Haben Sie eine Ahnung, wie schwierig es ist, ein Projekt mit solchen Dilettanten zu leiten?Bitte geben Sie mir die Namen der Leute, die sich hinter meinem Rücken beschwert haben – mit denen muss ich ein Wörtchen reden." Diese Reaktion schwächt das Vertrauen seines Chefs in seine Fähigkeiten als Projektleiter zusätzlich. Gut möglich, dass beim nächsten Mal ein interner Konkurrent seine Chance bekommt …	„Was an meinem Verhalten bringt Sie dazu, sich Sorgen zu machen? Können Sie das konkretisieren?" Dann geht er sogar noch einen Schritt weiter und nimmt seinen Chef selbst in die Verantwortung: „Können Sie mir bitte helfen, das in Zukunft besser zu machen? Würden Sie mich unterstützen und mir regelmäßig eine Rückmeldung dazu geben, ob sich mein Verhalten gebessert hat? Oder mir durch Coaching oder Weiterbildungen ermöglichen, mich zu diesem Thema weiterzuentwickeln?" Auf diese Weise macht er „den Bock zum Gärtner", denn der Chef fühlt sich einerseits gehört, was gut für sein Ego ist. Andererseits wird er so zum Teil des Problems, denn nun trägt er quasi eine Mitschuld, wenn es mit dem Projekt weiterhin nicht so gut läuft. Aus einem Betroffenen wird durch diese Strategie ein Beteiligter. Darüber hinaus wirkt der Projektleiter durch dieses Verhalten

	sehr souverän. Sein Chef ist beeindruckt und wird ihn mit hoher Wahrscheinlichkeit für weitere interessante Aufgaben im Auge behalten.

Fazit: Ich rege mich ab und steige auf

Wenn ich in Konflikten hilflos agiere, indem ich mich ordentlich aufrege, zeige ich dadurch nur, dass ich dem Thema nicht gewachsen bin. In der deutschen Sprache wird das sehr deutlich: *Ich* rege *mich* auf. Das tue ich selbst, niemand anders.

Doch wenn es mir gelingt, souverän zu reagieren und meine eigene Wut oder die des Gegenübers zu beschwichtigen, zeige ich wahre Stärke. Führung funktioniert dann wirklich gut, wenn ich mich selbst führen kann, und das zeigt sich am besten in emotionsgeladenen Situationen.

Ich zeige mehr Rückgrat, wenn ich auf den anderen zugehe. So demonstriere ich überzeugend, dass ich auch anspruchsvollen Führungsaufgaben gewachsen bin.

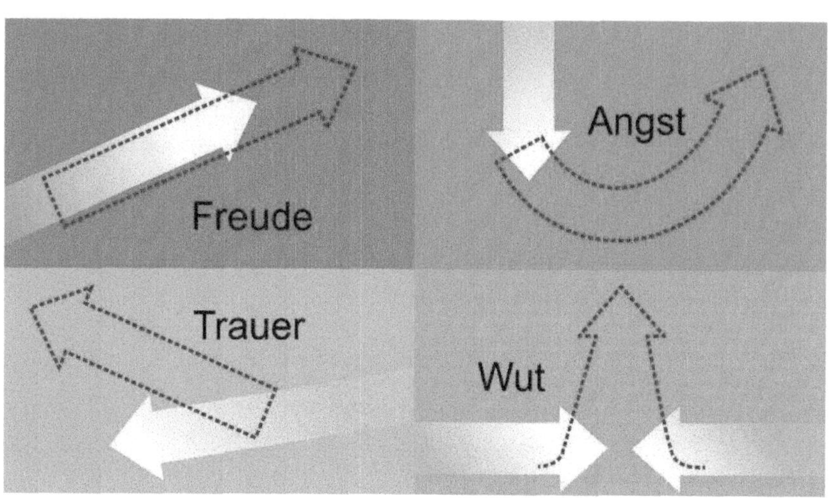
Freude
Angst
Trauer
Wut

Believe 22: Die vier Grundgefühle: 4. Freude

„Ich übertrumpfe andere" wird zu „Geteilte Freude ist doppelte Freude"

Sie stehen mit Ihrem Partner nach einem anstrengenden Aufstieg oben auf dem Gipfel eines hohen Berges und genießen den Weitblick. „Ist das nicht ein tolles Panorama?", fragen Sie begeistert. Ihr Partner antwortet: „Ja, schon, aber als ich letztes Jahr hier war, konnte ich noch viel weiter sehen. Und es war auch viel wärmer!"

Rums, und schon fällt Ihre Stimmung deutlich in den Keller. Indem Ihr Partner den jetzigen Ausblick mit dem des letzten Jahres vergleicht und Sie damit übertrumpft, nimmt er Ihnen die Freude am gegenwärtigen Moment, den Sie mit ihm teilen wollten.

Worum geht es konkret?

Auch in Unternehmen profitieren alle mehr davon, wenn Erfolgserlebnisse und die Freude darüber geteilt werden. Wo Menschen zusammenarbeiten, ist immer Raum für das gesamte Spektrum menschlicher Gefühle. Und gerade die geteilte Freude wirkt sich stets spürbar auf das Arbeitsklima beziehungsweise die Produktivität aus.

In den folgenden Beispielen lässt sich das sehr gut erkennen.

Beispiel 1:

Ein Bereichsleiter hat diese Position neu übernommen und sieht sich mit sehr ehrgeizigen Wachstumszielen konfrontiert, die in der Vergangenheit von seinen Vorgängern nie erreicht worden waren. Er konzentriert sich nun in seiner Arbeit auf die Menschen und ihr Zusammenwirken statt ausschließlich auf das Wachstumsziel, und tatsächlich gelingt es ihm so nach einigen Jahren, die ambitionierte Zielvorgabe zu erreichen.

Gleichzeitig herrscht inzwischen ein guter Spirit in seinem Bereich: Die Mitarbeiter haben Freude an ihrer Arbeit, und an den Auftragseingängen und der Kundenzufriedenheit lässt sich ablesen, dass man auch für die Folgejahre gut aufgestellt ist.

Nun möchte er seine Freude über das Erreichte in einem Führungskräfte-Meeting kommunizieren und damit auch bei den Kollegen eine Aufbruchsstimmung erzeugen.

„Ich übertrumpfe andere"	**„Geteilte Freude ist doppelte Freude"**
Der Bereichsleiter erzählt: „Wir haben unser Ziel für das letzte Jahr erreicht, und darauf können wir alle ein bisschen stolz sein." Die Reaktion auf diese Worte lässt sich an den überwiegend strahlenden Gesichtern ablesen. Doch eine Führungskraft gibt sich als Bedenkenträger zu erkennen: „Ist ja alles schön und gut, dieses Jahr hatten wir wirklich gute Ergebnisse. Aber wahrscheinlich sind die Ziele für das nächste Jahr jetzt noch schwieriger zu erreichen." Diese Anmerkung führt zu eher nachdenklichen Gesichtern, die	Der Bereichsleiter teilt seine Erfolgsgeschichte, und die anderen Führungskräfte lassen sich von seiner Freude anstecken. Ein Kollege beglückwünscht ihn ausdrücklich zu seiner Leistung und schlägt vor, darauf doch einfach mal anzustoßen – auch wenn das natürlich nicht zur Regel werden sollte. Die Stimmung ist gelöst, und die Führungskräfte gehen in dem Gefühl auseinander, dass sie gemeinsam auch weitere Herausforderungen meistern können.

Freude über den gemeinsam erreichten Erfolg hat sich durch die Hintertür verabschiedet. Der Führungskraft ist es durch wenige Worte gelungen, die gemeinsame Freude zu zerstören und sich gleichzeitig selbst in den Vordergrund zu spielen.	Die geteilte Freude wirkt so als Verstärker in andere Abteilungen des Unternehmens hinein.

Ein Sprichwort sagt: Manchmal ist es besser, die Leute glauben zu lassen, man sei negativ, als den Mund aufzumachen ... und jeden Zweifel daran zu beseitigen.

Beispiel 2:

Ein Produktionsunternehmen hat einen Auftrag erhalten, der weit über das übliche Volumen hinausgeht: Statt einer einzigen Produktionsmaschine benötigt man zehn, um die Anforderungen abarbeiten zu können.

„Ich übertrumpfe andere“	**„Geteilte Freude ist doppelte Freude“**
Bei einem Besuch des Werkes, in dem die zehn Produktionsmaschinen errichtet wurden, stehen zwei der Führungskräfte vor der Anlage. Einer der beiden freut sich über das Erreichte und gibt dieser	Beide Führungskräfte bewundern gemeinsam die schiere Größe der Anlage und kommen ins Gespräch mit den Mitarbeitern, die hier in der Produktion tätig sind.

Freude auch Ausdruck: „Schon toll, wie groß die Anlage ist, ich bin echt beeindruckt!" Doch der Kollege nimmt ihm die Freude, indem er erklärt: „In meiner alten Firma wäre das eine eher kleine Anlage gewesen. Da haben wir nämlich *wirklich* große Anlagen gebaut!" Mit diesem Verhalten übertrumpft er die gegenwärtige Leistung und nimmt ihr so den Wert. Statt den Erfolg gemeinsam zu würdigen, redet er ihn klein – und stellt damit Distanz zu seinem Kollegen her.	Alle Beteiligten erleben einen gemeinsamen Moment der Freude über das Erreichte. Das verbindet, erzeugt Nähe und schafft darüber hinaus eine positive Erinnerung.

Fazit: Freude schafft Verbindung

Wenn ich mein Augenmerk immer nur darauf richte, wie ich andere übertrumpfen kann, lasse ich zu, dass der Wettbewerb und mein – scheinbarer – Sieg die Freude am Erreichten verpuffen lassen. So erzeuge ich Distanz und zerstöre die Freude am Augenblick.

Doch wenn ich erkenne, dass Freude stets Verbindung schafft und gefeierte Erfolge allen zugutekommen, kann ich mich darauf einlassen, den Moment zu genießen. Denn Freude erzeugt Nähe und verstärkt sich, wenn ich mich mitfreue.

Statt eines Nachworts

Aus „Ich setze mich um jeden Preis durch" wird „Ich kommuniziere gewaltfrei"

Anfang 2014 wurde Satya Nadella der CEO von Microsoft, als Nachfolger des berühmt-berüchtigten Steve Ballmer. Quasi als erste Amtshandlung verordnete er seinem Führungsteam die Lektüre von Marshall B. Rosenbergs Werk „Gewaltfreie Kommunikation".

Das war nur der erste Schritt auf dem Weg, die Unternehmenskultur neu auszurichten, und er hatte interessante Auswirkungen: Nach und nach veränderte sich der interne Umgang miteinander beim Software-Giganten – weg von Konkurrenz und Angst, hin zu Kooperation und einer ausgeprägten Fehlerkultur, zu einer Offenheit für Lernen. Innerhalb von nur dreieinhalb Jahren hat Microsoft durch diese radikale Kur auch Einnahmen und Gewinn in sehr hohem Maß gesteigert, verglichen mit anderen Unternehmen.

Was sind die Kernaussagen der Gewaltfreien Kommunikation (GFK), die Marshall Rosenberg in den 1970er-Jahren entwickelt hat?

Anknüpfend an das Selbstverständnis der humanistischen Psychologie geht es ihm um eine genaue Differenzierung zwischen Wahrnehmung und Interpretation. In der Regel tendieren wir dazu, das, was wir wahrnehmen, sogleich mit unseren Bewertungen, Annahmen etc. zu vermischen. Daraus entsteht eine „Gewalt-Sprache": Wir richten unsere Aufmerksamkeit darauf, was andere vermeintlich falsch machen oder was unserer Meinung nach verkehrt an ihnen ist. Das löst im Gegenüber natürlich das Bedürfnis aus, sich zu rechtfertigen oder zu verteidigen – und schon befinden wir uns in einem Wortgefecht, bei dem jeder gewinnen möchte.

Gefühle von Ärger, Frustration, Ohnmacht oder Hilflosigkeit werden dann schon beinahe reflexartig mit Kritik, Vorwürfen oder Drohungen abgewehrt – eine Spirale, die tatsächlich zerstörerisch werden kann, im privaten Bereich ebenso wie im Betrieb oder in der Politik.

Die so entstehende Aggression zeichnet sich durch folgende Aspekte aus:

- Analyse: „Wenn du mehr darauf geachtet hättest ..."
- Kritik: „Das ist verkehrt, das geht anders, ..."
- Interpretationen: „Du machst das, weil ..."
- Wertungen: „Du bist nicht ehrgeizig, du hast keine Ahnung, du liegst völlig falsch ..."
- Strafandrohungen: „Wenn du nicht bis morgen ... erledigst, dann ..."
- Sich im Recht fühlen: „Ich habe Recht, und du bist schuld!"

In der GFK (Gewaltfreien Kommunikation) wird nun versucht, die tatsächlichen Anliegen aller am Konflikt Beteiligten zu erfassen und zu berücksichtigen. Wer gelernt hat, „mit dem Herzen" zu kommunizieren, also seine Bedürfnisse zu artikulieren und sich mit Wertungen und Interpretationen zurückzuhalten, kann Konflikten positiver als bisher begegnen.

Es kommt zu einem besseren Verständnis auf beiden Seiten, da Absichten und Motive offengelegt werden, was Aggression überflüssig macht.

Die beiden wesentlichen Merkmale der GFK bestehen daher in Selbstbehauptung auf der einen und Einfühlung auf der anderen Seite. So verstanden ist Aggression in Form von Anklagen, Schuldzuweisungen, Kritik oder Vorwürfen im Grunde nur Ausdruck der eigenen Schwäche. Weil wir nicht gelernt haben, unsere Bedürfnisse und Wünsche konstruktiv zu formulieren, greifen wir zu aggressiver Sprache. Wir denken, wir könnten nur durch Macht, Stärke und Drohung unsere Ziele erreichen.

Was wir dabei vergessen, ist die Tatsache, dass Aggression immer Gegenaggression erzeugt: Das Gegenüber wird in die Verteidigungshaltung gedrängt.

Der Fokus der Gewaltfreien Kommunikation liegt nun darauf, einen Dialog zu entwickeln, der beiden Seiten und ihren Bedürfnissen gerecht wird, also Lösungen zu finden, mit denen beide leben können.

Dafür sollten laut Marshall B. Rosenberg folgende Schritte beachtet werden, und zwar im Wechselspiel von Selbstmitteilung und Einfühlung.

1. ***Beobachten statt Bewerten oder Interpretieren***: „Sie stehen auf und drehen sich weg, wenn ich mit Ihnen über das Projekt sprechen möchte."
2. ***Gefühl***: „Ich fühle mich ratlos und auch etwas verärgert, ..."
3. ***Bedürfnis***: „... weil ich wissen möchte, wo es im Projekt hakt und wie ich Sie gegebenenfalls unterstützen kann."
4. ***Bitte***: „Bitte sagen Sie mir, was Sie von meiner Seite brauchen, um offen über das Thema sprechen zu können."

Statt das eigene Gefühl zu benennen, kann man sich auch in den anderen einfühlen und eine Vermutung über dessen Gefühle äußern Ein Beispiel: Ein Mitarbeiter möchte mit seinem Kollegen ein Gespräch über ein Problem in einem Projekt führen. Der Kollege jedoch stellt sich nicht dem Gespräch sondern lässt den Mitarbeiter einfach stehen. Dieser ärgert sich (natürlich) noch mehr, jetzt nicht nur über das Problem, sondern auch noch über das Verhalten des Kollegen. Er macht einen erneuten Versuch, jedoch erst nachdem er seine Wut überwunden hat, und wendet die vier Schritte der gewaltfreien Kommunikation an:

1. Beobachten statt Bewerten oder Interpretieren: „Sie stehen auf und drehen sich weg, wenn ich mit Ihnen über das Projekt sprechen möchte."

2. Gefühl: „Kann es sein, dass Sie sich momentan ein wenig überfordert fühlen?“
3. Bedürfnis: „... und Sie im Moment noch mal etwas Ruhe zum Nachdenken brauchen?“
4. Bitte: „Sollen wir heute Nachmittag noch einmal darüber sprechen?“

Als Handwerk im Umgang mit Menschen ist die Gewaltfreie Kommunikation in Unternehmen sehr gut einsetzbar, weil sie dazu beiträgt, die Angst vor Fehlern zu mindern und die Mitarbeiter in die Selbstverantwortung führt.

Eine solche Gesprächskultur wirkt sich auf die Unternehmenskultur insgesamt sehr positiv aus, muss allerdings vom Management getragen und gelebt werden. Das erfordert ein Sich-einlassen auf Prozesstransparenz und Kritikfähigkeit und braucht auch eine Schulung der Beteiligten sowie Räume für gemeinsamen Austausch.

Einmal umgesetzt, überwiegen die positiven Erfahrungen mit der Anwendung von Gewaltfreier Kommunikation: Führungskräfte stellen fest, dass sie klarer kommunizieren, Themen offen und direkt ansprechen und sich besser in den anderen einfühlen können. Das führt insgesamt dazu, dass die Zeit zur Lösung von Problemen signifikant abnimmt, weit über 50 Prozent. Denn die getroffenen Entscheidungen werden tatsächlich von allen getragen und entsprechend umgesetzt und müssen nicht immer wieder neu auf den Tisch.

Insofern möchte ich die Auseinandersetzung mit dem Thema Gewaltfreie Kommunikation allen Führungskräften empfehlen, denen an einem wertschätzenden Umgang mit ihren Mitarbeitern gelegen ist. Ich sehe die GFK als wertvolles Tool im Handwerkskoffer der Führungskraft – und wenn Sie mehr darüber wissen wollen, lesen Sie am besten das Buch von Marshall B. Rosenberg „Gewaltfreie Kommunikation: Eine Sprache des Lebens“.

Über den Autor

Jochen Sanguinette arbeitet als Geschäftsführer bei Trelleborg Sealing Solutions, ein weltweit führender Entwickler, Hersteller und Lieferant für Präzisionsdichtungen und Führungen. Seit 2013 verantwortet der Maschinenbau- und Wirtschaftsingenieur Jochen Sanguinette dort das weltweite Automotive-Geschäft und führt Organisationen in Asien, Amerika und Europa mit einem Gesamtumsatz von 100 Mio. Euro. Zusätzlich ist er als Mitglied des Vorstands für das Resort „Elektromobilität" zuständig.

Jochen Sanguinette ist verheiratet und hat zwei Söhne. Privat trifft man den Familienmenschen beim Joggen, beim Spazierengehen mit Hund Emma oder beim Schrauben am VW-Oldtimer mit seinen Söhnen.